城市公共交通

齐新宇　魏金丽　杨金顺　编　著

北京理工大学出版社
BEIJING INSTITUTE OF TECHNOLOGY PRESS

内 容 简 介

本书的编写旨在满足交通工程专业的教学需求，试图将多种公共交通方式相融合，阐释其中的共性，使学生能够掌握城市公共交通的基本原理，并且能够快速地适应实践工作的要求。

学生需要了解承担城市公共交通任务的各种交通方式的系统构成、运作特点，以及相应的运输组织及管理等，要重点掌握需求分析、系统设计等内容。全书共8章，包括城市公共交通概述、城市公共交通系统、城市公共交通客流分析与预测、城市公共交通场站设计、城市公共交通线路设计、城市公共交通网络、城市公共交通系统运营管理、城市公共交通企业日常管理。

本书适合作为本科院校交通工程类专业相关课程的教材。

版权专有　侵权必究

图书在版编目(CIP)数据

城市公共交通／齐新宇，魏金丽，杨金顺编著.
北京：北京理工大学出版社，2025.1.
ISBN 978-7-5763-4665-7

Ⅰ.U491

中国国家版本馆 CIP 数据核字第 20250TN356 号

责任编辑：芈　岚		文案编辑：芈　岚	
责任校对：刘亚男		责任印制：李志强	

出版发行　／　北京理工大学出版社有限责任公司
社　　址　／　北京市丰台区四合庄路6号
邮　　编　／　100070
电　　话　／　(010)68914026（教材售后服务热线）
　　　　　　　(010)63726648（课件资源服务热线）
网　　址　／　http://www.bitpress.com.cn

版 印 次 ／ 2025年1月第1版第1次印刷
印　　刷 ／ 涿州市新华印刷有限公司
开　　本 ／ 787 mm×1092 mm　1/16
印　　张 ／ 9.75
字　　数 ／ 221千字
定　　价 ／ 68.00元

图书出现印装质量问题，请拨打售后服务热线，负责调换

前　言

随着城市规模的不断扩大，城市交通量激增，交通问题日益突出：私人交通工具载运能力小，相对占用道路资源多；城市道路网改扩建存在诸多困难和滞后现象，从而导致出现交通拥堵、车速下降、交通事故频发、环境污染严重等问题；道路及交通资源浪费严重；社会公众出行困难，出行过程中的在途时间越来越长。

城市公共交通虽然不如私人交通工具那样随时可用且有"门到门"的便捷性，但先进的公共交通干线运送效率高，送达准时且安全可靠，是解决城市交通拥堵、节约社会资源、改善城市环境、减少污染的重要举措。因此，世界大多数国家都选择优先发展城市公共交通，并在政策、经济、法律等多方面给予大力支持。

本书的编写是为了满足交通工程专业的教学需求，由于交通工程专业的学生毕业后可能从事交通系统规划设计工作，特别是交通场站设计、线路设计等方面的工作，因此仅仅了解城市公共交通系统运营管理的相关知识是不够的。本书力求将多种公共交通方式相融合，试图阐释其中的共性，使学生能够掌握城市公共交通的基本原理，并能够快速适应实践工作的要求。

学生需要了解承担城市公共交通任务的各种交通方式的系统构成、运作特点，以及运输组织及管理等，要重点掌握需求分析、系统设计等内容。

本书共8章。第1章介绍城市公共交通的基本概念、系统组成、系统特征和发展历史；第2章介绍城市公共交通系统；第3章分析与预测客流需求；第4、5、6章讲述城市公共交通场站设计、城市公共交通线路设计和城市公共交通网络，是专业学习的重点；第7、8章探讨城市公共交通运营管理、安全和服务管理等内容。第1、2、7、8章由齐新宇编写，第3、6章由魏金丽编写，第4、5章由杨金顺编写。

由于编者水平有限，书中难免有疏漏和不足之处，敬请各位读者批评指正。

编　者
2024年11月30日

目 录

第 1 章　城市公共交通概述 ... 1
1.1　城市公共交通基本概念 ... 2
1.1.1　城市的形成与发展 ... 2
1.1.2　城市公共交通的概念 ... 2
1.2　城市公共交通系统组成 ... 3
1.2.1　城市公共交通系统组成 ... 3
1.2.2　城市公共交通系统划分 ... 3
1.3　城市公共交通系统特征 ... 4
1.3.1　城市公共交通系统的目的与作用 ... 4
1.3.2　城市公共交通系统的产品与生产过程 ... 4
1.3.3　各种城市公共交通方式的服务范围 ... 4
1.3.4　人们对城市公共交通的普遍要求 ... 4
1.4　城市公共交通发展历史 ... 5
1.4.1　公共马车 ... 5
1.4.2　城市地下铁道 ... 6
1.4.3　公共汽（电）车 ... 7
1.4.4　我国公共交通的发展 ... 7
1.5　城市公共交通在我国的发展趋势 ... 8
1.6　我国城市公共交通发展中的问题 ... 9

第 2 章　城市公共交通系统 ... 10
2.1　公共汽车交通系统 ... 11
2.1.1　公共汽车 ... 11
2.1.2　城市道路网与公交线网 ... 12
2.1.3　城市公共汽车场站 ... 13
2.1.4　快速公共汽车交通 ... 15
2.2　城市轨道交通系统 ... 16
2.2.1　城市轨道交通线路 ... 16
2.2.2　城市轨道交通车站 ... 17
2.2.3　城市轨道交通车辆 ... 19
2.2.4　城市轨道交通其他设备 ... 21
2.3　其他公共交通系统 ... 22

2.3.1　水上公共交通 ………………………………………………………… 22
　　2.3.2　索道 ……………………………………………………………………… 23
　　2.3.3　出租汽车 ………………………………………………………………… 25
　　2.3.4　公共自行车 ……………………………………………………………… 26
　　2.3.5　网约车 …………………………………………………………………… 28

第3章　城市公共交通客流分析与预测 ………………………………………… 31
　3.1　客流概述 ……………………………………………………………………… 32
　　3.1.1　研究城市公共交通客流的目的 ………………………………………… 32
　　3.1.2　城市公共交通客流的概念 ……………………………………………… 32
　　3.1.3　城市公共交通客流的分类 ……………………………………………… 33
　　3.1.4　影响客流的因素 ………………………………………………………… 33
　　3.1.5　城市公共交通客流的数量指标 ………………………………………… 35
　　3.1.6　城市公共交通客流的形态特征及其发展规律 ………………………… 35
　3.2　客流调查 ……………………………………………………………………… 39
　　3.2.1　客流调查的作用、目的及意义 ………………………………………… 39
　　3.2.2　客流调查的种类 ………………………………………………………… 40
　　3.2.3　客流调查的方法 ………………………………………………………… 40
　3.3　客流预测 ……………………………………………………………………… 45
　　3.3.1　客流预测的作用、目的及意义 ………………………………………… 45
　　3.3.2　客流预测的分类 ………………………………………………………… 45
　　3.3.3　客流预测的方法 ………………………………………………………… 46
　　3.3.4　客流预测的结果与使用 ………………………………………………… 50

第4章　城市公共交通场站设计 …………………………………………………… 52
　4.1　城市公共交通场站设计概述 ………………………………………………… 53
　　4.1.1　城市公共交通场站的功能、类型与构成 ……………………………… 53
　　4.1.2　城市公共交通场站的设计内容 ………………………………………… 54
　　4.1.3　城市公共交通场站设计解决的问题 …………………………………… 54
　　4.1.4　满足未来客流需求 ……………………………………………………… 54
　4.2　公共汽车场站设计 …………………………………………………………… 55
　　4.2.1　位置与布局 ……………………………………………………………… 55
　　4.2.2　规模指标 ………………………………………………………………… 55
　　4.2.3　其他设计 ………………………………………………………………… 57
　4.3　城市轨道交通车站设计 ……………………………………………………… 58
　　4.3.1　车站分类与布局 ………………………………………………………… 58
　　4.3.2　车站的空间设计 ………………………………………………………… 61
　　4.3.3　折返站与换乘站设计 …………………………………………………… 67
　　4.3.4　车辆段设计 ……………………………………………………………… 69
　　4.3.5　附属设施设计 …………………………………………………………… 70
　4.4　其他场站设计 ………………………………………………………………… 72
　　4.4.1　出租汽车营业站 ………………………………………………………… 72

4.4.2　招呼站 ··· 72

第5章　城市公共交通线路设计 ·· 74

　5.1　概述 ··· 75
　　5.1.1　线路分类与线网布局 ·· 75
　　5.1.2　影响公共交通线路设计的因素 ··· 76
　5.2　公共汽车交通线路设计 ··· 77
　　5.2.1　公共汽车交通线路设计的基本原则、流程、内容与要求 ······················ 77
　　5.2.2　一条公共汽车线路的开设 ·· 78
　　5.2.3　快速公交线路设计 ··· 79
　　5.2.4　接运公交线路设计 ··· 80
　5.3　城市轨道交通线路设计 ··· 81
　　5.3.1　城市轨道交通线路平面设计 ··· 82
　　5.3.2　城市轨道交通线路横断面设计 ·· 84
　　5.3.3　城市轨道交通线路纵断面设计 ·· 84
　　5.3.4　限界 ·· 87

第6章　城市公共交通网络 ··· 89

　6.1　概述 ··· 90
　　6.1.1　城市公共交通网络的概念 ·· 90
　　6.1.2　城市公共交通网络规划 ··· 92
　6.2　城市公共交通网络优化 ··· 95
　　6.2.1　城市公共交通网络规划流程 ··· 95
　　6.2.2　干线公交线网 ··· 97
　　6.2.3　快速公交线网 ·· 100
　　6.2.4　接运公交线网 ·· 105
　6.3　城市公共交通网络衔接 ·· 107
　　6.3.1　空间衔接 ·· 107
　　6.3.2　时间衔接 ·· 109
　6.4　城市公共交通系统评价 ·· 111
　　6.4.1　城市公共交通系统评价的意义 ··· 111
　　6.4.2　城市公共交通系统的评价流程 ··· 112
　　6.4.3　城市公共交通系统的评价指标 ··· 112
　　6.4.4　城市公共交通系统评价中的一些问题 ··· 114

第7章　城市公共交通系统运营管理 ·· 116

　7.1　生产计划 ·· 117
　　7.1.1　载运工具的运行参数 ··· 117
　　7.1.2　生产计划 ·· 118
　7.2　调度工作 ·· 123
　　7.2.1　调度工作的作用 ··· 123
　　7.2.2　调度工作组织形式 ·· 123
　　7.2.3　线路运营的正点行车管理 ··· 124

  7.2.4 现场调度的基本处理方法 …………………………………………… 125
  7.2.5 现场调度指令的发布与执行 …………………………………………… 127
 7.3 票制与票价 …………………………………………………………………… 127
  7.3.1 票制 ……………………………………………………………………… 127
  7.3.2 票价 ……………………………………………………………………… 128
 7.4 运营指标 ……………………………………………………………………… 129
  7.4.1 服务水平指标 …………………………………………………………… 129
  7.4.2 运营效率指标 …………………………………………………………… 131
  7.4.3 经济、社会效益指标 …………………………………………………… 132

第8章 城市公共交通企业日常管理 ……………………………………………… 135
 8.1 日常管理内容 ………………………………………………………………… 136
 8.2 城市公共交通企业安全管理 ………………………………………………… 137
  8.2.1 城市公共交通事故分类 ………………………………………………… 137
  8.2.2 城市公共交通事故原因与责任划分 …………………………………… 137
  8.2.3 城市公共交通事故处理 ………………………………………………… 138
  8.2.4 城市公共交通安全管理 ………………………………………………… 138
 8.3 城市公共交通服务管理 ……………………………………………………… 139
  8.3.1 城市公共交通服务管理的含义 ………………………………………… 139
  8.3.2 城市公共交通服务管理的内容 ………………………………………… 139

参考文献 ……………………………………………………………………………… 144

第1章 城市公共交通概述

学习目标

（1）明确学习城市公共交通课程的目的、学习的主要内容、应该达到的能力要求等。

（2）了解城市公共交通的概念、功能和作用，交通工具系统的组成形式、发展历史和趋势。

（3）能初步分析某城市的公共交通系统组成。

本章的学习重点与考核权重如表1-1所示。

表1-1 学习重点与考核权重

能力目标	知识要点	权重
理解城市公共交通的概念	城市土地利用与区域功能布局； 城市公共交通系统构成； 大量私人交通或专用交通的弊端	0.2
掌握城市公共交通的作用	城市公共交通的目标	0.3
了解城市公共交通的出现与发展历史	各种城市公共交通出现的条件	0.2
分析城市公共交通存在的问题与发展趋势	公共交通存在的问题与发展趋势	0.3

引 例

2019年9月19日，中共中央、国务院印发了《交通强国建设纲要》（以下简称《纲要》），并发出通知，要求各地区、各部门结合实际，认真贯彻落实。关于城市交通的发展，《纲要》指出，要"尊重城市发展规律，立足促进城市的整体性、系统性、生长性，统筹安排城市功能和用地布局，科学制定和实施城市综合交通体系规划。推进城市公共交通设施建设，强化城市轨道交通与其他交通方式衔接，完善快速路、主次干路、支路级配和结构合理的城市道路网，打通道路微循环，提高道路通达性，完善城市步行和非机动车交通系统，提升步行、自行车等出行品质，完善无障碍设施。科学规划建设城市停车设施，加强充电、加氢、加气和公交站点等设施建设。全面提升城市交通基础设施智能化水平"。

《纲要》指出，交通强国的发展目标是："到2035年，基本建成交通强国。现代化综合交通体系基本形成，人民满意度明显提高，支撑国家现代化建设能力显著增强；拥有发达的快速网、完善的干线网、广泛的基础网，城乡区域交通协调发展达到新高度；基本形成'全国123出行交通圈'（都市区1小时通勤、城市群2小时通达、全国主要城市3小时覆盖）和'全球123快货物流圈'（国内1天送达、周边国家2天送达、全球主要城市3天送达），旅客联程运输便捷顺畅，货物多式联运高效经济；智能、平安、绿色、共享交通发展水平明显提高，城市交通拥堵基本缓解，无障碍出行服务体系基本完善；交通科技创新体系基本建成，交通关键装备先进安全，人才队伍精良，市场环境优良；基本实现交通治理体系和治理能力现代化；交通国际竞争力和影响力显著提升。到本世纪中叶，全面建成人民满意、保障有力、世界前列的交通强国。基础设施规模质量、技术装备、科技创新能力、智能化与绿色化水平位居世界前列，交通安全水平、治理能力、文明程度、国际竞争力及影响力达到国际先进水平，全面服务和保障社会主义现代化强国建设，人民享有美好交通服务。"

1.1　城市公共交通基本概念

1.1.1　城市的形成与发展

城市，又称城市聚落，是"城"与"市"的组合词。"城"是用墙等围起来的地域；墙的作用主要是防卫野兽或敌人的攻击；"市"则是指进行交易的场所。古人为了生存，需要打猎或播种采收，而在有了盈余之后，出现了货物交易、人际交往，于是交通便发展起来了。

现代城市的出现是工农业生产发展的结果。大量人口到城市聚居，从事工业、商业、教育等活动。城市的布局包括居住区、工业区和商业区、休憩区等，必须有交通、市政等功能的支持，而交通功能是连接城市各个部分、生产生活各环节的纽带。

1.1.2　城市公共交通的概念

相对于使用私人的交通工具或专用的交通工具而言，某些企业为城市的社会公众提供交通运输服务，从而形成了公共交通。广义的城市公共交通是指所有可供社会公众使用的交通方式，包括乘客运输和货物运输。狭义的城市公共交通是指在城市区域内，在规定的路线上，载运工具按固定的时刻表运行，以公开的费率为社会公众提供客运服务的系统。随着我国城乡一体化进程的推进，城乡之间的客运交通也纳入了城市公共交通系统。

出租车、网约车等虽然无固定运行线路和时刻表，但也为社会公众提供客运服务，也属于城市公共交通范畴。

有人仅把利用公共汽车实现的交通称为城市公共交通，这忽略了其他交通方式服务城市交通的作用，缩小了概念的外延，定义不准确。

1.2 城市公共交通系统组成

1.2.1 城市公共交通系统组成

城市公共交通系统是一个复杂的系统，如图1-1所示，其主要由人、载运工具、线路和环境等部分组成，是与城市社会经济环境相联系的、复杂的、开放的大系统，具有多变量、多目标、多层次、多属性等特点。

城市公共交通系统 { 乘客
生产者（管理者、操作员……）
载运工具（公共汽车、地铁列车、出租车、渡轮……）
交通线路（城市路网、轨道交通线网、航线……）
运输场站（公交车站、地铁车站、轮渡站、索道站……）
后勤保障（加油站、充电站、维修厂、车辆段……）
政策、法规……

图1-1 城市公共交通系统组成要素

1.2.2 城市公共交通系统划分

人们也常以载运工具的不同形式来命名城市公共交通系统的组成部分，如城市轨道交通（地铁、轻轨、磁悬浮轨道）、公共汽车和电车（以下简称"公共汽电车"）、有（无）轨电车、出租汽车、公共自行车、轮渡、索道、运人系统（自动扶梯）等。

城市公共交通系统的划分如下。

（1）按运行速度划分，有常速和快速系统。其中，快速系统包括磁悬浮轨道、地铁、快速公共汽车交通（BRT）等。

（2）按运行空间划分，有水运、空运和陆地运输系统，其中陆地运输系统又可分为地下、架空和地面系统。

（3）按驱动动力划分，有电力驱动、燃油驱动和人力系统等。

（4）按载客能力划分，有大运量公交系统、中运量公交系统和小运量公交系统。大运量公交系统包括城市地铁、城市铁路、磁悬浮轨道等运输系统；中运量公交系统包括轻轨、BRT、城市缆车等运输系统；低运量公交系统包括城市公共汽电车、出租车、公共自行车等。

（5）按路权形式划分，有路权专用系统和路权共用系统。城市轨道交通、轮渡、索道等系统为路权专用系统。

（6）按在城市客运交通系统中的地位划分，有常规公共交通系统、快速大运量公共交通系统、辅助公共交通系统和特殊公共交通系统4类。

除了上述划分方式，还可以按照运行线路是否固定、运行时间是否固定、线路长短不同等方式进行划分。

1.3 城市公共交通系统特征

1.3.1 城市公共交通系统的目的与作用

大力推广和使用城市公共交通，可以实现以下目标。

（1）可以减少低效率的社会车辆在城市道路上行驶，减少交通拥堵，满足城市居民的出行需求。

（2）提高道路通行能力利用率，从而提高城市交通运输效率。

（3）保证社会经济秩序健康稳定，同时减少出行者的在途时间，增加创造价值的时间，有利于国民经济的发展。

（4）减少能源消耗，实现绿色交通，有利于"碳达峰、碳中和"目标的实现。

（5）减少矿物燃料消耗，减少污染物排放等。

发展城市公共交通可以实现资源的集约化利用，有利于社会的可持续发展。

1.3.2 城市公共交通系统的产品与生产过程

城市公共交通系统的产品是乘客的空间位置移动，是一种无形的产品。城市公共交通系统的生产过程既是服务过程，也是乘客的消费过程。

城市公共交通系统的产品中凝结了产业工人的劳动，需要公共交通使用者支付其劳动报酬，即需要付费使用，该费用应与票价成正相关。但一般情况下，为了鼓励社会公众使用公共交通服务，大多采用降低票价的措施，以至于公共交通的票价不能真实反映出劳动的价值。

各城市或各公共交通企业的费率并不一致，公共交通企业大多不能以客票收入覆盖其运输服务成本。

1.3.3 各种城市公共交通方式的服务范围

出行者从出发地到目的地之间存在多种交通方式时，总是要根据在途时间、自己的经济能力、舒适度要求、出行偏好甚至能否兼顾健身等做出选择。一般而言，出行者对交通方式的选择与距离因素成强相关。可根据对各种城市公共交通方式使用者数量的统计，得出各种交通方式的分担率，图1-2概念性地说明了各种交通方式在城市公共交通系统中的适用范围。

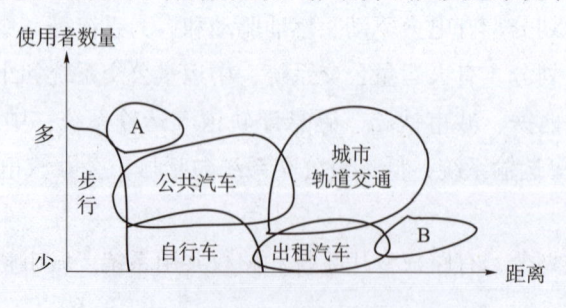

图1-2 各种交通方式的分担率示意图

1.3.4 人们对城市公共交通的普遍要求

人们在出行时是有要求的，出行的目的不同，要求也不同。一般的要求是安全、迅速、经济、便利、舒适等。

城市公共交通系统的突出优势在于安全和经济,尤其是票价低廉的优势更是刺激人们选择城市公共交通的主要原因。通过良好的线路设计和生产组织,能够提高公共交通的便利性;通过配置不同运能的公共交通系统,地铁、BRT 也可以满足迅速、可靠的要求;通过改善车辆条件、优化车站配置与布局,可以使乘客的出行更舒适。

1.4 城市公共交通发展历史

1.4.1 公共马车

公元前 500 年左右,罗马人开始建设道路系统,至帝国鼎盛时期,其已经拥有 40×10^4 km 的道路系统,其中 8×10^4 km 由石头铺成。罗马人还修建了最早的驿站,为出行的人们提供食宿和马车雇佣服务。不同于中国秦朝时期的驿站,这些驿站既服务于军政,也服务于普通旅客。但彼时的罗马城内的交通,无论是贵族还是平民,都以步行为主。

随着社会经济的发展和产业的集群化,城市逐渐得以形成,其功能不断完善,规模不断扩大,于是城市道路交通系统应需而建,为实现公共交通提供了可能。

在 17 世纪初期,最早专门服务于城市内交通的工具——出租马车(hackney carriage),出现于伦敦和巴黎。这种出租马车就是今天出租车的雏形。起初,这种马车的车厢只能乘坐两人,在车厢外部坐着一名车夫,马车由两匹马拉动。彼时,出租马车的起步价(单位为 mile①)约为今天的 32.6 元人民币,是比较贵的。

1825 年,名为 George Shillibeer 的马车制造商被委托制造了一种更大的、可用于城市间交通的新型马车——伦敦街头的公共马车(omnibus),如图 1-3 所示。这种马车能够乘坐 16 名乘客,由 3 匹马拉动。1829 年,该制造商在伦敦运营了一条公共马车线路。1861 年,英国国会通过了 *Stage Carriage Act*,允许这种马车在其运营线路的任意位置停车上下客,于是这种马车的客运服务得以被大面积推广。不久,这种公共马车被引入纽约、费城、波士顿和巴尔的摩等地。

图 1-3 伦敦街头的公共马车

---

① 此单位非法定计量单位,1 mile=1 609.344 m。

1832 年，在纽约曼哈顿岛上的哈勒姆区铺设了第一条城市交通用的铁轨，供公共马车运行。由于铁轨大幅减少了阻力，增加了稳定性、舒适性，使得这种轨道马车（horsecar）在不增加马匹的情况下，运行速度达到了 10~12 km/h，车厢乘客容量达到 32 位，均是 omnibus 的 2 倍；同时，事故率也降低为 omnibus 的 1/8。单位运营成本的大幅下降，使客票价格也进一步下降，当时这种轨道马车的票价大概是 10 美分①，由此使得公共交通对于普通工薪阶层的吸引力大幅增加。

在 19 世纪末期，由于马车的极大发展，西方的主要城市都饱受交通拥堵、事故频发和大量马粪的困扰，城市越来越不宜居住，人们迫切需要开发一种新的城市交通工具。

最先出现的是缆车（cable car），外形很像后来的有轨电车，依靠蒸汽动力驱动，速度在 10~20 km/h。它既避免了轨道马车在冬季冰雪路面动力不足的问题，又具有爬坡能力强的优势，很快便得到推广。

1.4.2　城市地下铁道

1863 年，伦敦修建了世界第一条地下铁道。由蒸汽机拉动的列车，在加设了排气装置的地下隧道中运营，为城市提供公共交通服务。人们称这辆列车为"下水道火车"，它是拥有 150 多年历史的伦敦地铁（London underground）的开端。然而，地铁列车的高温蒸汽和煤炭燃烧的废气会破坏城市环境，而且以蒸汽机为动力的列车起动和刹车都不如电车灵活，难以经济、高效地满足城市公共交通对高停站频率的要求。

德国人维尔纳·冯·西门子和美国发明家爱迪生对有轨电车的发明做出了巨大贡献。1883 年，由西门子公司发明的过顶电线结合集电弓的设计，首先在一条奥地利的线路中得到应用，并由此逐渐成为城市轨道交通的标准设计。1937 年，芝加哥路面电车路网总长已经超过 800 km。电力驱动的敞篷观光车、清洁车和邮政专用车等得到发展和普及。图 1-4 为用于城市客运的侧边敞开的有轨电车。

图 1-4　侧边敞开的有轨电车

1890 年，伦敦地铁首创第三轨供电。1893 年，利物浦架空铁路（Liverpool overhead railway）开通。因为在列车上使用电动机比使用蒸汽机和内燃机成本低，且电动机又可以布置在所有车厢，所以这种牵引力大、起动迅速、效率高的动力分布式列车，非常适合作为城市公共交通工具，并迅速得到广泛应用，成为今天大城市解决交通问题的必由之路。

---

①　美分是美元的一种，100 美分等于 1 美元。在美元中，美分是最小的使用单位。

第 1 章　城市公共交通概述

1.4.3　公共汽（电）车

1831 年，英国人沃尔特·汉考克制造出了世界上第一辆装有发动机的公共汽车。这辆被命名为"婴儿号"的公共汽车以蒸汽机为动力装置，可载客 10 人，当年便被投入于伦敦到特拉福之间的试运营。

在 20 世纪初期，德国的奔驰汽车公司研发出内燃机，从此汽油发动机代替了蒸汽机。早期的内燃机公共汽车一般可载客 20 余人，比较舒适。

从 1900 年到 1920 年，纽约市的小汽车由 1 396 辆增加到 25 万辆。原有道路无法承载迅速增加的通行需求，纽约的交通也变得拥堵不堪。其实不只纽约，世界各国许多大城市的交通都迎来了"噩梦"期。在 20 世纪 40 年代，纽约的交通拥堵达到了令人难以忍受的程度，导致城市人口停止增长、大气污染严重、经济发展受阻。自此，城市公共交通开始得到重视和发展。

1.4.4　我国公共交通的发展

1899 年，英国人决定在永定门至马家堡火车站之间，修建一条有轨电车线路，如图 1-5 所示。这条线路的技术和设备，是由当时的德国西门子公司提供的。1906 年 6 月 2 日，中国在天津自建了第一条有轨电车线路，起自北大关，绕城一周后回到原地，沿途设站 20 处，全程 5.16 km。

图 1-5　北京永定门前的有轨电车

1907 年 6 月 27 日，中国第一条公共汽车线路从青岛市区通往麦克伦堡（今崂山区柳树台），青岛也由此成为中国道路客运的发祥地。这条中国最早的城市公交线，开启了我国道路客运运输的新历史。1910 年 7 月，此条线路延伸至青岛馆陶路 49 号，标志着中国最早的汽车站——馆陶路汽车站的诞生。

1949 年 10 月新中国成立之初，便对城市进行了建设和改造，道路条件得到明显改善。到了 1957 年年底，全国城市道路长度和面积分别比 1949 年增加 64% 和 71%。作为城市居民代步工具的自行车得到了迅速发展。由于当时汽车的数量增长缓慢，道路通行能力大于交通需求，因此，城市交通比较畅通，车速稳定。

1969 年 10 月 1 日，北京地铁 1 号线开始试运营，这是新中国建设的第一条城市地铁线路。截至 2020 年 12 月 31 日，北京地铁运营里程达 727.0 km。

2002 年年底，世界上第一条商业化运营的磁悬浮轨道线在上海浦东开始试运行，至今保持着安全运输无重大事故的良好纪录。

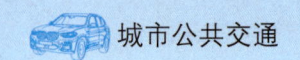

1.5 城市公共交通在我国的发展趋势

20世纪80年代以来，我国政府制定了一系列的产业政策和技术政策，确定了以公共交通为主的城市交通发展方针，城市公共交通事业取得了长足的进步。

但我国作为一个经济持续高速增长的发展中国家，由于受到财政体制、经营机制、管理水平、居民消费观念，以及道路通行条件等诸多因素的制约，城市公共交通的发展现状不尽如人意，一直滞后于社会经济和居民生活的需要。

由于城市人口的不断增加，交通拥堵问题开始显现且日益严重，而以汽车工业拉动经济的发展模式，又使得大量的小汽车进入家庭。这一模式忽视了国内城市进入机动化的前提条件和面临的具体实际，尽管修建道路、完善设施、严格执法、宣传教育、智能管理等各种手段纷纷登场，但是，看不到明显的效果，交通拥堵仍如期而至，迫使城市放慢发展节奏。大气污染、噪声污染、视觉污染、空间侵占，市民的工作生活开始受到严重影响。

人们逐渐认识到，交通供给似乎永远无法满足相应的交通需求，北京、上海、广州、天津等大城市纷纷确立优先发展城市公共交通的战略。在公共交通优先发展的政策指引下，各大城市先后制定了大规模的城市轨道交通建设规划，"以城市轨道交通为骨干，常规公交为主，其他公共交通方式为补充"的公共交通发展目标日渐明晰，综合运用结构合理的基础设施建设、优先发展公共交通系统、结合土地利用的交通引导型城市发展模式，以及多样的交通需求管理等措施也得以确定并实施。

我国城市公共交通行业发展的总体趋势如下。

（1）公共交通结构多元化。中小城市发展以公共汽车为主的公共客运交通体系，辅以出租汽车、自行车等交通方式；大型城市发展以地铁、轻轨为骨干的客运网络。

（2）大中运量城市快速轨道交通系统建设速度加快。在我国，以北京、上海、广州、深圳为代表的城市，地铁已经成为市民不可或缺的出行方式，其网络长度和广度已经达到了全国领先、世界领先的水平，并且仍处于不断扩大和完善的过程中。中等城市也纷纷要求建设城市轨道交通系统，以解决交通拥堵问题。近年来我国城市公共交通系统客运量的增长趋势如图1-6所示。

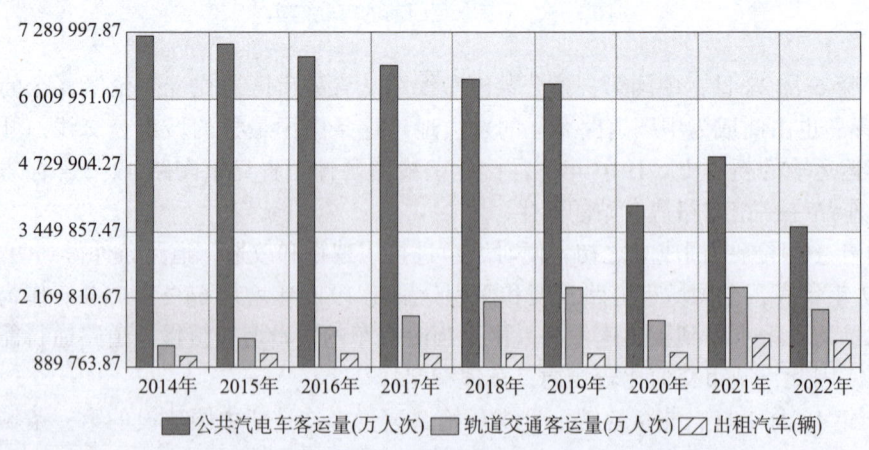

图1-6 我国城市公共交通系统客运量的增长趋势

(3) 有计划地建设综合客运交通枢纽设施。在机场、火车站等大型客流集散地，综合客运交通枢纽的建设更加优化，"以人为本，以乘客为本"，以先进的设计、设备实现乘客出行的路程最短、方式最便捷，做好多种交通方式的良好接续。

(4) 高新技术逐步应用于城市公共交通。现代通信和信息处理、定位等技术的应用，使时刻表查询、车辆预约与定制、付费等诸多环节变得较以往更加方便，乘客出行效率更高。大数据技术的应用，使对客流变化的预测变得更可靠、更准确。

1.6 我国城市公共交通发展中的问题

目前，我国的农业人口的转移、农村的城镇化建设、城市的大型化发展仍在进行中，城市公共交通仍处在落后于需求的状态，其发展远没有达到最优水平。主要体现在如下几个方面。

(1) 城市公共交通线网布局结构不合理，线网密度低、重复率高，尚有线网覆盖盲区。

(2) 公交场站规模小，用地无法保证。地方政府在土地使用规划方面给予公共事业的用地不足，使许多公共汽车在夜间收车后只能将车辆停放在城市道路上，存在安全隐患。

(3) 城市交通环境不良，公共汽车运行困难。公共车辆与社会车辆混行，致使公交车辆速度低、乘客送达效率低，从而导致公共交通出行率下降。

(4) 生产组织及管理技术落后，载运工具运行效率低。

(5) 公交企业的运营普遍处于亏损状态，尚需要依靠政府补贴。

知识小结

学习本章后，应该掌握城市公共交通的基本概念，能够分析城市公共交通系统的组成，初步了解各种公共交通方式。

通过学习城市公共交通的发展历史，能够明确由科学技术的进步所引发的交通出行方式的变革，以及因由城市人口的发展带来的交通问题。

思考题与练习题

(1) 试分析当前所在城市的公共交通系统组成。

(2) 我国大中城市普遍有发展城市轨道交通的意愿，是否都应该付诸实施？为什么？

(3) 城市公共交通系统中应用了哪些高新技术？

(4) 城市公共交通如何体现人性化或人文关怀？

(5) 未来的城市公共交通可能的发展趋势有哪些？

第 2 章 城市公共交通系统

> **学习目标**
>
> （1）了解城市公共交通载运工具、线路和场站的特点与构成。
> （2）能初步运用人机工程理论和系统分析方法，理解各子系统的通行能力，探究公共交通设施的布局形式。
> （3）了解城市公共交通多种方式之间的衔接关系。

本章的学习重点与考核权重如表 2-1 所示。

表 2-1　学习重点与考核权重

能力目标	知识要点	权重
分析城市公共汽车交通系统	公共汽车结构特征、公交线路、公交场站的布局结构	0.3
了解城市轨道交通系统	城市轨道交通系统的构成，轨道交通车辆结构、线路结构、场站布局等	0.4
了解轮渡、索道客运系统	轮渡、索道客运系统的构成与场站布局	0.2
了解出租汽车、网约车和公共自行车等系统	了解出租汽车、网约车和公共自行车等系统的运转特点及其对场站空间的要求	0.1

引　例

（1）近年来，我国城市公共交通得到快速发展，技术装备水平不断提高，基础设施建设运营成绩显著，人民群众出行更加方便。但随着我国城镇化的加速发展，城市交通发展面临新的挑战。城市公共交通具有集约高效、节能环保等优点，优先发展公共交通是缓解交通拥堵、转变城市交通发展方式、提升人民群众生活品质、提高政府基本公共服务水平的必然要求，是构建资源节约型、环境友好型社会的战略选择。为实施城市公共交通优先发展战略，2012 年 12 月 29 日，国务院发布了《国务院关于城市优先发展公共交通的指导意见》（国发〔2012〕64 号）。

(2) 国家统计局数据显示，1990年我国城市公共汽电车营运车辆规模仅为6.2万辆，到2000年增长至22.6万辆，增长2.65倍。截至2016年年底，全国拥有公共汽电车60.9万辆，比2015年增长8.3%，其中BRT车辆7 689辆，增长24.8%。值得注意的是，新能源客车近两年发展迅速，从2011年到2016年，纯电动客车市场呈现出连增之势，尤其是2014年和2015年，销量分别同比增长6.63倍和6.39倍，年销量基数也在不到三年的时间里从上千辆提高至十万辆以上。

(3) 纽约、伦敦、巴黎、东京和新加坡等国外著名城市，以及北京、上海等国内大城市的市区交通现状都是以城市轨道交通（地铁为主）和公共汽电车为主。北京、上海的地铁每千米日均客运量在世界主要城市中位居前列，但受到出行总量和人口密度的影响，两城市地铁的日均客运量占城市日均出行总量的比例不及纽约和巴黎的一半。北京、上海地铁的站点数量和换乘站数量比例也均未超过前述的5座城市，城市轨道交通还有较大发展空间。相对于地铁，北京、上海有世界上最庞大的公共汽电车交通网络，日均客运量分别达1 267.98万人次和741.6万人次，其中北京的日均客运量是纽约的5倍、伦敦的25倍。但从每辆车的日均客运量来看，北京、上海与伦敦和新加坡相差甚远，尤其是上海，不及伦敦和新加坡的一半。另外，有轨电车在东京和欧洲也是公共交通的主力工具，特别是在东京，它承担了49%的公共交通客运量，但北京、上海的有轨电车，其运量的所占比例较小。

2.1 公共汽车交通系统

2.1.1 公共汽车

(1) 城市公共汽车的目标。

安全、舒适、高效、经济、便利地运输乘客是所有交通运输系统的目标和宗旨，其同样也是城市公共汽车运输企业生产经营的主要目标之一。

(2) 城市公共汽车的构造。

为完成客运任务，需要利用载运工具实现乘客的空间位移。城市公共汽车交通系统的载运工具主要是公共汽车。

公共汽车的主要构造包括车体、发动机、转向机构、传动机构、制动机构、乘坐设备、照明设备、空气调节机构、音响设备、通信设备，以及便利设备（残障乘客设备、便民设备）、收费设备等。

(3) 城市公共汽车的分类。

城市公共汽车有不同的分类方式，按照车辆的运输能力划分，有小型公共汽车、常规公共汽车、铰接公共汽车等；按照车辆的速度划分，有常规公共汽车、快速公交等；按照车辆的动力划分，有汽（柴）油公共汽车、电力公共汽车、天然气（CNG）公共汽车、氢燃料电池公共汽车、充电式公共汽车等；按照车辆是否在固定轨道上运行划分，有普通公共汽车、有轨电车、无轨电车等。

(4) 城市公共汽车的基本参数。

城市公共汽车基本特征参数有多种，在质量方面有自重、总重、轴重。自重是指车辆整备后的重量，包括加满油（气）等；总重是指车辆满载情况下，车辆自重、乘客重量及行李等的重量之和；轴重是指车辆总重除以车辆轴数，即平均到每根车轴的重量。要求城市公共汽车在满载的情况下，不能超过城市道路、桥涵等承重能力的允许值范围。

车辆的几何尺寸，包括前悬（接近角）、后悬（离去角）、轴距、离地高度、最小转弯半径、地板高度，体现车辆的通过性能，即车辆运行中要适应城市道路的最小竖曲线半径、最小平面曲线半径的要求，否则在车辆运行过程中，车身的局部会与路面、路边设施等刮擦，造成车辆受损；地板高度影响乘客上下车的便利性。

定员是根据车辆的固定座位数和站立面积确定每一辆车容纳的乘客标准数量，体现车辆的最大载客能力。在车体结构一定的情况下，定员数与乘客的平均身高、水平投影、衣着、携带物品体积、社会文化与习俗等相关。

最大加（减）速度，即车辆运行中单位时间内速度的变化。最大加速度体现车辆的操控性，特别是出站、交叉口启动的迅速性，影响车辆运行时间；此外，还会影响乘客乘车的舒适度，特别是车辆行驶中若减速度过大，会使站立乘客失稳，影响车辆行驶的安全性等。

2.1.2 城市道路网与公交线网

（1）城市道路网对公共交通的支持作用。

城市道路网是满足城市居民客货运输要求的主要途径，保证实现交通单元（车辆、行人等）在路面上的空间位移。城市道路上多种形式的交通单元共享通行空间。

城市道路网须满足公共汽电车、出租车、自行车等的运行要求。

城市道路网中设置公交车站，满足乘客上下车需要和换乘需要。

城市道路网衔接公交首末站、停车场、加油（气）站、换电站、维修厂等，保证公共汽车系统的正常运营。

（2）城市道路网对公共交通的约束作用。

城市道路的路段和交叉口的通行能力，在特定条件下，其数值是不变的。公共交通车辆与社会车辆共同运行在城市道路上，总的交通流量不能超过道路通行能力。因此，公交线路的开设、公交车辆的运行、车站布置形式等方面都受道路通行能力的约束。

公交车辆的选型受到城市道路的平面、纵断面等结构形式的约束。公交公司开设新线路时，公交车辆的选型就须考虑道路条件的制约。

（3）公共汽车交通线路。

公共汽车交通线路是指公共汽车从起点站始发，按规定走向和经由的车站，到达终点站的通路。

按线路设置空间的不同，公共汽车交通线路可分为市区线路、市郊线路、郊县线路、区间线路等。

按时间不同，公共汽车交通线路可分为全日线路、夜宵线路、高峰线路、临时线路等。

按空间位置结构不同，公共汽车交通线路可分为地面线路、高架线路、地下线路、环行线路和游览线路等。

除了公共汽车线路，在生产管理上还包括有轨电车线路、无轨电车线路等。由于选用的车种、车型不同，线路名称有区别，线路装备亦各异。

（4）公共汽车交通线路的主要参数。

公共汽车交通线路的主要参数有线路长度、车站数量、平均站距、行程时间、周转时间、线路非直线系数、运输能力等。

在一条线路上，相邻两座车站中心线之间的距离称为站距。一条线路上所有站距的平均值为平均站距。

行程时间是指车辆在线路上由首站至末站或由末站至首站的运行时间，含中间车站的停站时间。

周转时间是指车辆由首站开车时起至下一次由首站开出时止的一段时间，包括车辆途中运行、中间站停站和在首末站的一些作业时间。

线路非直线系数是指线路的实际长度与首末站之间直线距离的比值。非直线系数应在1.2~1.4较为合理，过大的非直线系数说明线路绕行过远，乘客在车上消耗时间长。

（5）公交线网。

公交线网是指市区范围内全部公共交通线路构成的网络，包括地铁、轻轨、公共汽电车等的线路。公共汽车线网是指由全部公共汽电车运行线路构成的网络。

根据区域的规模、性质，道路构成的状况及客流分布的流向和大小，可以分成多种形式的公交线网。

按线网布局的形式划分，有棋盘线网、放射线网、交叉放射线网、主辅结合线网、环形线网、袋形线网等多种。公共汽车线网结构形式受城市道路网布局以及居民出行流向的共同约束。

（6）公交线网的主要参数。

公交线网的主要参数包括线路总量指标，如线路条数、线网总长度等；线路质量指标，如线网密度、平均非直线系数、平均站距、换乘站数量与规模等。

线网密度一般用线路总长度与城区面积之比，或者用线网总面积与城区面积之比来表示。两种表示方法的意义不同，可根据研究的需要来考察和选用。

（7）公共交通线路运营指标。

运输能力是指在一定的技术设备和组织管理条件下，在单位时间内线路的某一断面通过的客流数量。

满载率是指公共汽车营运车辆运载乘客的满载程度。计算公式为：

$$满载率 = \frac{乘客周转量}{客位（定员）里程} \quad (2-1)$$

线路的满载率也可以不考虑乘车距离，简单按实际乘客数量与定员数量之比。计算公式为：

$$满载率 = \frac{车上实际人数之和}{定员数量} \quad (2-2)$$

线路最高满载率是指在高峰时段，运营线路上运送乘客的过程中，在高单向高断面上的车辆实际载运客流量与车辆定员数量之和之比。计算公式为：

$$线路最高满载率 = \frac{高峰时段高单向高断面实际载运客流量}{车辆的定员数量之和} \quad (2-3)$$

2.1.3 城市公共汽车场站

按照城市公共汽车场站在线路中的位置可分为中途站与首末站；按照车站的规模和换乘需求可分为枢纽站与换乘站。

公共汽车站是城市公共汽车线路上供乘客上下车的设施。它的平面布局包括进出车站的道路、停车泊位、站台、候车亭、指示牌、照明、通信及其他设备等。

公交车站要方便乘客出入车站，保证上下车快速、安全，信息交互明确、便捷，并能迅速集散乘客；要保证车辆进出站安全、迅速，停靠时间短；要与其他交通方式有较好的衔接。

（1）城市公共汽车的中途站。

公共汽车中途站是公共汽车在运行线路中途经的车站，一般设置较为简单，主要考虑车站位置能方便乘客出入和车辆运行。泊位数量要与公交线路条数、高峰期车辆密度相匹配。公交车站的站台与泊位也要做到相匹配，保证乘客能安全、迅速地上下车和进出车站。

当道路通行能力充裕时，公共汽车中途站可以设在外侧车道上，即直线式公交车站；当道路通行能力紧张时，为避免公交车进出车站及上下乘客影响道路其他车辆通行，公共汽车中途站应设置专用空间，一般设置为港湾式，如图 2-1 所示；当有多条公交线路使用车站时，可以纵向分开布设或横列布设。

图 2-1　港湾式公交车站

1）城市公共汽车的首末站。

公共汽车首末站是公共交通车辆始发和终点的车站。在首末站，车辆需要完成作业、有序进行调头，部分车辆需暂时停歇或完成加水清洁、保养及小修工作。首末站还是公交车辆夜间的存放地点。在首末站，一般还会设置线路调度室、司乘人员休息室等。

首末站要占用较大的场地，一般布置在城市道路外的用地上或大型停车场内。

2）城市公共汽车的枢纽站。

简单地说，城市公共汽车的枢纽站就是较大的公交车站，是一个多条公交线路交会的"小型停车场"，有较多数量的公交车在此经停或发车，是多条线路的首末站。其主要作用是方便乘客换乘其他线路公交车或火车、地铁、自行车等交通工具。

枢纽站一般设置在市区，靠近火车站、轮渡站、机场等。

（2）城市公共汽车的换乘站。

换乘产生的原因：乘客的出发地和目的地遍布城市的各个区域，而开设的公共交通线路不可能一一满足乘客的需求。图 2-2、图 2-3 说明了乘客换乘的原因，使用大量公交车辆满足大量不同出行需求是不现实的。

换乘发生的地点：公交枢纽站、一般中途站。

乘客换乘要求：出入车站便捷；尽量不换乘或少换乘；换乘要便利、省力等。因此，设计换乘尽量在同站台进行，步行距离短；有自动扶梯等便利设施；信息交互明确；乘客上下车快速、安全，可迅速集散。

换乘站应与其他交通方式有友好的衔接，比如，需要设有自动扶梯、自行车停放点、距离地铁站出入口近、方便到达等。

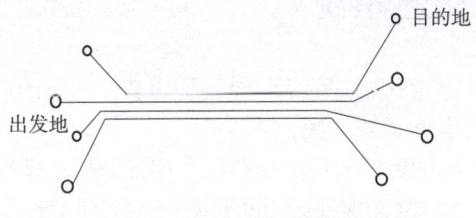

图 2-2　客流直送模式

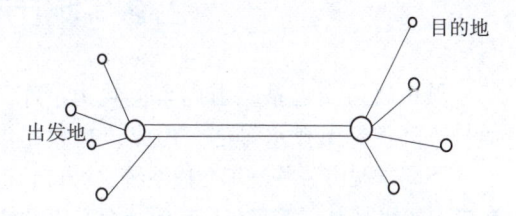

图 2-3　客流接驳运送模式

(3) 其他辅助场站。

为保证城市公共汽车交通系统的运营，需要根据设备特点，配备相应的支持场站，如停车场、公共汽车修理厂（场）、加油（气、氢）站、充（换）电站等。

2.1.4　快速公共汽车交通

快速公共汽车交通线路构筑在公共交通优先的城市道路网上。快速公共汽车可在实行以下优先措施的道路上行驶：城市快速路的主路和高速公路的主路、公交专用道、分时公交专用道、限流车道、分时限流车道等。图2-4为BRT公交车辆停靠在车站。

图 2-4　BRT 公交车停靠在车站

(1) 快速公共汽车线网的基本特征。

1) BRT 线路上不允许其他社会车辆的运行，即 BRT 车辆拥有专用路权。

2) 乘客在车站（车外）完成购票、检票。

3) 站台平直，站台平面的高度与车辆地板水平高度基本一致，乘客可以水平跨步乘降。

4) 车辆开门多、容量大。

5) 车站可以有较多的服务设施。

6) 完善的乘客信息服务，实现信号优先、智能调度等。

(2) 快速公交线路的优势。

1) BRT 车辆载客量大。

2) 线路较长、站距大。

3) 车辆运行速度快。

4) 车辆的开行间隔小，乘客的候车时间短。

5) 车辆运行准点率高。

(3) 快速公共汽车线网构架如果能够实现，则会带来以下效益。

1) 快速线网的建立有助于节约乘客的出行时间。

2) 快速线网的建立有利于城市布局的调整。

3）促进出行结构的优化，缓解交通拥堵。
4）可以减少公共交通的运营成本。

2.2　城市轨道交通系统

城市轨道交通系统由列车、轨道、车站建筑、车辆段、结构工程、牵引供电、通信、信号、环控、给排水等部分构成，当然还包括生产者和运输对象（乘客）。

不同于城市公共汽车交通系统，城市轨道交通系统最重要的特点是路权专用，即列车运行在专用的线路上，不存在与其他社会车辆的冲突和干扰，从而保证运行的安全、高效和可靠。

城市轨道交通系统的地位与作用：在城市公共交通网络中起到骨干作用，承担大部分的客运运输量。

2.2.1　城市轨道交通线路

（1）城市轨道交通线路的结构。

城市轨道结构是城市轨道交通系统的基础，一般由钢轨、扣件、轨枕、道床、道岔及其他附属设备组成，如图2-5所示。

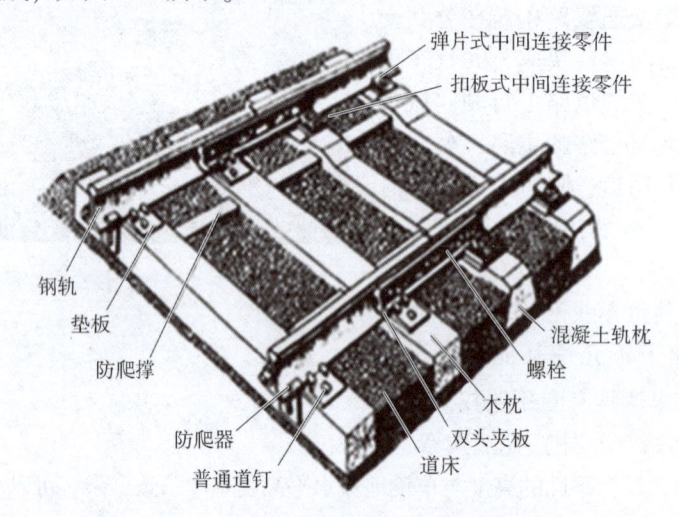

图2-5　城市轨道的基本结构示意图

道岔是变更列车运行方向的基本设备，由车站信号室信号员操控或由远程调度集中控制。道岔的组成：尖轨、基本轨、导曲线轨、转辙器、护轨和辙叉心等，如图2-6所示。

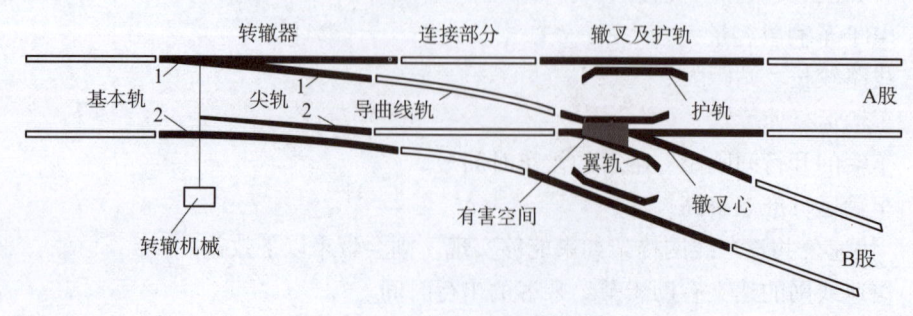

图2-6　道岔的基本结构示意图

(2) 轨道的功能。

1) 支撑列车：将列车的静、动荷载均匀分布在轨道上。

2) 导向：将车轮的轮缘卡在两条钢轨之间，保证列车在轨道上运行。

3) 传递信号：在两根钢轨上加载载波信号，以多种频率表示列车占用轨道的状态，在控制室和列车之间传递相关控制信息，保证列车运行安全，提高通行效率。

4) 供电回流：钢轨可以作为牵引供电的回流线。

(3) 城市轨道交通线路的基本参数。

1) 轨重：每米钢轨使用钢材的质量。轨重大小会影响钢轨的寿命和建设成本。轨重越大，钢轨的承重能力越大。我国普通钢轨轨重是 60 kg/m。

2) 轨距：一条线路上的两根钢轨内侧、顶面以下 16 mm 处的距离。我国城市轨道交通线路的轨距是 1 435 mm，与国铁干线轨距相同。

3) 最小圆曲线半径：城市轨道交通线路建设总是要受客流分布、地形和建筑物、构筑物（以下简称"建构筑物"）等因素的影响，曲折前进，为了保证列车的运行安全和乘客的舒适度，规定线路建设不能小于最小圆曲线半径。

4) 允许速度：线路允许列车行驶的最高速度，其受最小圆曲线半径大小的约束。

5) 纵向坡度：单位水平距离内，线路升高或降低的数量，用千分数表示。

6) 曲线外轨超高：为抵消列车在曲线上运行的离心作用，要使外侧轨道高于内侧轨道，称为曲线外轨超高。在曲线上，列车的运行速度不是固定的，超高的数值需要设置在一定的合理范围内。

(4) 城市轨道交通线路的其他结构形式。

因为轨道结构有多种，所以城市轨道交通线路还有独轨轨道、磁悬浮轨道等特殊形式。其中独轨轨道又可分为跨坐式轨道、悬挂式轨道（云轨）。

(5) 城市轨道交通线路的简化表示法。

在一条线路的横截面上，两根钢轨轨顶面连线有一个中心点。这个中心点在纵向形成一条虚拟的线，称为线路中心线。在设计图纸中，用线路中心线表示轨道的位置；在线路建设施工中，以线路中心线控制轨道和其他设备的位置。

城市轨道交通线路的道岔用道岔中心确定其位置；车站可以用折线连接而成的曲线表示。

2.2.2 城市轨道交通车站

(1) 城市轨道交通车站的特点、功能。

城市修建轨道交通线路的目的是解决市民的出行需求，人们上下轨道交通列车的场所被称为车站。从这个意义上讲，城市轨道交通车站的功能类似于公共汽车站，但有别于国铁干线车站。

地铁网中有多条线路交会于某个站，而且大运量的交通人流要在此集散，因此在规划中必然将此类车站作为公交枢纽。从这个意义上讲，城市轨道交通的车站功能需要考虑满足交通枢纽的要求。

城市轨道交通线路的集中电气、集中信号、集中控制等都设于车站内，线路运营、管理人员也集中在车站内。

(2) 城市轨道交通车站的分类。

根据城市轨道交通线路在城市空间中的位置不同，城市轨道交通车站可以分为地下车站、地面车站、高架车站。

按站台类型城市轨道交通车站可分为岛式站台车站、侧式站台车站、岛侧混合式站台车站。

（3）城市轨道交通车站区域划分。

城市轨道交通车站的空间一般可分为设备区、工作人员工作区、乘客使用区。

乘客使用区又可分为付费区和非付费区。

（4）城市轨道交通车站的平面位置。

车站设计应考虑客流量大、服务范围广、便利乘客等因素。因此，车站一般设在城市道路交叉口附近。但由于受建设条件、吸引区客流量、车站距离等因素的限制，也可在偏离交叉口处设置车站。

（5）城市轨道交通换乘站。

乘客的出行需求是多方向的，不可能由一次乘车满足所有需求，而轨道线网要保证效率和降低成本，就必须建设换乘站。换乘是指乘客在不同的城市轨道交通线路上的换乘，一般在城市轨道交通站内进行。城市轨道交通系统与其他交通方式的换乘，需要乘客在城市轨道交通车站外面进行。

几条独立的城市轨道交通线路很难达到缓解城市交通拥堵的目的，这和仅具有大血管的人体无法生存是一个道理。某个城市仅有两三条城市轨道交通线路，不能根本性地改变市民选择公共交通作为出行方式的比例，也不能解决交通拥堵的问题。

城市轨道交通线路网的组成除了建设线路，还需要考虑换乘便捷、与其他交通手段接驳便捷以及在各个节点上均保证畅通。

（6）城市轨道交通折返站（线）。

根据列车交路规划，城市轨道交通列车需要在首末站或中途某车站掉头返回，承担反方向的运输任务。列车交路如图 2-7 所示。

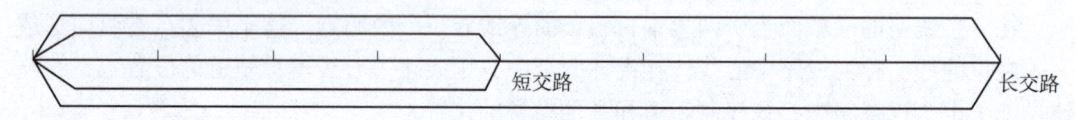

图 2-7　列车交路示意图

折返站是指有折返设备，能够改变列车运行方向的车站。折返设备包括折返线或渡线等，如图 2-8 所示。

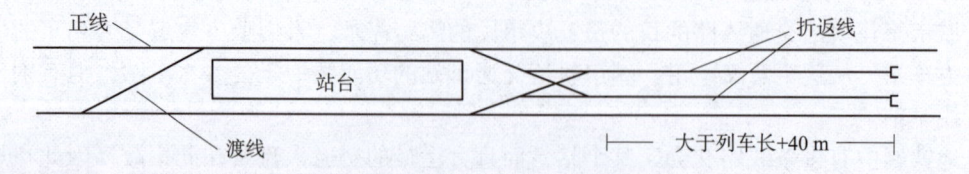

图 2-8　车站布局与折返设备示意图

有人驾驶的列车，驾驶员室在列车头部，到达折返站后，如图 2-9 所示，驾驶员需要开闭换向开关，行走到列车另一端的驾驶员室，才能驾驶列车返回运行。

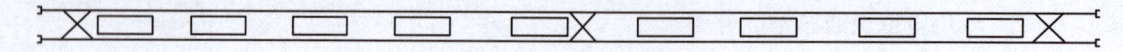

图 2-9　折返站位置示意图

(7) 城市轨道交通的车辆段。

车辆段是城市轨道交通系统中对车辆进行营运管理、停放及维修、保养的场所。车辆段的主要功能如下。

1) 检修保养车辆。

若城市轨道交通列车在途中发生故障，将会给城市居民出行造成重大影响。为确保列车稳定可靠地运行，需要每日检查车辆和定期检修车辆，以使列车发生故障的概率降到最低。

修理的形式有线上快速修理、落轮架修、厂修等。

2) 存放车辆。

在每日运行结束后，城市轨道交通列车在车辆段检修后，需存放到存车线，等待第二天上线运行。

3) 职工日常生产、教育等服务性活动。

根据功能和规模不同，城市轨道交通的车辆段可分为检修车辆段（车辆段）和运用停车场（存车场）。

根据检修作业范围不同，车辆段可分为架（厂）修段和定修段。

根据生产需要和所担负的任务范围，城市轨道交通车辆段一般应设置如下线路。

① 连接线路：又称出入段线，连接车辆段和车站的线路。

② 停放线路：用于停放列车的线路。

③ 作业线路：包括列检作业线、月检作业线、定修线、临修线、架修线（大修线）。

④ 辅助作业线路：包括外皮清洗线、吹扫线、油漆线、不落轮镟线。

⑤ 试验线路：列车检修完成后，需要进行静态调试、动态试车的线路。

⑥ 辅助线路：包括调机停放线、牵出线、材料装卸线、国铁联络线、救援列车线等。

2.2.3　城市轨道交通车辆

(1) 城市轨道交通及车辆的特点。

作为城市公共交通工具，城市轨道交通车辆主要在市内和市郊运行，其特点如下。

1) 城市公共交通列车在地下隧道、高架和地面轨道运行，其运行地点均位于开敞的空间。

2) 城市轨道交通车站的站距短，列车启停频繁。

3) 城市轨道交通线路曲线半径较小，以尽可能地适应城市路网建设空间的限制。

4) 城市轨道交通列车牵引力大，能够适应较大的纵向坡度。

5) 客流量大且集中，高峰时会超载。

6) 乘客上下车频繁。

由于站距短，因此，要提高最高运行速度是困难的，所以车辆一般具有较高的起动加速度和制动减速度，以达到起动快、停车制动距离短、提高车辆平均速度的目的。

车辆的设计应遵循减少能耗、减少发热设备的原则，以减少隧道内温度升高的幅度；要尽量减轻车辆自重，选择效率高的传动系统。

由于运转密度较高，地下铁道的通信信号比较复杂，因此，为确保安全行车，车载通信信号设备及车辆的控制系统应有良好的适应能力。

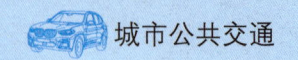

（2）城市轨道交通车辆的组成。

城市轨道交通车辆由车体、转向架、牵引缓冲装置、制动装置、受流装置、车辆内部设备、车辆电气系统七大部分组成。

1）车体。

分为有驾驶员室车体和无驾驶员室车体两种。车体是容纳乘客和驾驶员驾驶（对于有驾驶员室的车辆而言）的地方，也是安装与连接其他设备和部件的基础。

近代城市轨道车辆车体均采用整体承载的钢结构或轻金属结构，以达到在最轻的自重下满足强度的要求。

2）转向架。

把两个或多个轮对用专门的构架（或侧架）连接，组成一个小车，称为转向架，车体位于两（三）个转向架之上。

转向架为车辆的一个独立部件，以便于转向架的互换、制造和维修。

转向架的作用有以下几个方面：转向架支承车体，承受并传递从车体至轮轨的各种载荷及作用力，使各轴重均匀分配，且可增加车辆的载重、长度和容积；转向架相对于车体可自由回转，使较长的车辆能自由通过小半径曲线，减少运行阻力与噪声，提高运行速度；便于安装弹簧减振装置，保证车辆具有良好的动力性能和运行品质；有转向架车辆在通过两轨头高低不平处时，车体支撑点的垂直移动量仅为两轴车轮对支点的一半，从而提高了运行的平稳性；便于安装制动装置，传递制动力，满足运行要求；便于在转向架上安装牵引电机及减速装置，驱动轮对使车辆沿着轨道运行。

3）牵引缓冲装置。

车辆编组成列运行必须借助连接装置，即车钩。为改善列车的纵向平稳性，一般在车钩的后部装设缓冲装置，以缓和列车冲动，此外还必须连接车辆之间的电气和空气的管路。

4）制动装置。

制动装置随制动方法不同而不同，常规的制动方法有：摩擦制动：包括闸瓦制动和盘式制动；电气制动：包括电阻制动和再生制动；电磁制动：包括磁轨制动和涡流制动。

电阻制动。电阻制动是将发电机发出的电能加于电阻器中，使电阻器发热，即电能转变为热能。电阻器上的热能通过风扇强迫通风而散于大气中。电阻制动一般能提供较稳定的制动力，但车辆底架下需要安装体积较大的电阻箱。

再生制动。再生制动是把电动车组的动能通过电机转化为电能后，再使电能反馈回电网提供给别的列车使用。显然这种方式既能节约能源，又不会像摩擦制动那样对环境造成污染，并且基本上无磨耗。因此，这是一种较为理想的制动方式。

磁轨制动。磁轨制动是将电磁铁落在钢轨上，并接通激磁电流将电磁铁吸附在钢轨上，通过磨耗板与轨面摩擦产生制动力。

涡流制动。涡流制动是将电磁铁落至距轨面 7~10 mm 处，电磁铁与钢轨间的相对运动引起电涡流作用，从而形成制动力。

电磁制动的最大优点是其产生的制动力不受轮轨间黏着条件的限制。

城市轨道交通列车一般均采用再生制动与电阻制动相结合的电制动优先、空电联合制动方式，保证在制动系统允许的条件下得到尽可能大的制动减速度。

5）受流装置。

受流装置是指通过接触导线（接触网）或导电轨（第三轨）将电流引入列车的装置，

又称受流器。一般有杆形受流器（多用于城市无轨电车）、弓形受流器（多用于城市有轨电车）、侧面受流器（多用于矿山货车）、轨道式受流器（第三轨受流）、受电弓受流器（适用于高速干线）。

6）车辆内部设备。

车辆内部设备包括服务于乘客的车体内的固定附属装置和服务于车辆运行的设备装置。属于前者的有车电、通风、取暖、空调、座椅、拉手等。服务于车辆运行的设备装置大多吊挂于车底架上，如蓄电池箱、继电器箱、主控制箱、电动空气压缩机组、总风缸、电源变压器、各种电气开关和接触器箱等。

7）车辆电气系统。

车辆电气系统包括牵引动力电气系统和服务电气系统。服务电气系统包括照明、空调、开关门、广播通信等。

(3) 城市轨道车辆的主要技术参数。

车辆的性能参数包括车辆自重、轴数、轴重、定员数、允许通过曲线半径、起动加速度、制动加速度、运行速度、牵引供电方式、电压等。

车辆主要几何尺寸包括长度（换长）、高度、宽度、车钩中心线高度、地板高度、轴距、定距。

(4) 城市轨道交通列车的动力分布。

国铁干线的列车一般是由机车和车辆组成（动车组列车和高铁列车除外）。城市轨道交通列车是由动车和拖车编组而成。

为安全起见，假设行驶中有一半动车出现故障，城市轨道交通列车应该依然能够行驶至车站，因此，设计列车的动车和拖车的比例要超过 1∶1。

2.2.4　城市轨道交通其他设备

(1) 城市轨道交通的牵引供电系统。

交通关乎居民的生产生活，因此必须保证城市轨道交通的运输生产秩序。城市轨道交通系统是重要的生产部门，是一级供电单位，其牵引负荷为一级负荷，牵引变电所拥有两路独立的电源进线。

牵引供电系统的构造包括城市高压电网、降压变电所、牵引变电所、接触网、回流装置等。

牵引网，也叫牵引供电网，包括馈线、接触网（轨）、钢轨、大地、回流线，以及自耦变压器（AT）供电方式中的负馈线和 AT 变压器等。

馈线。馈线是牵引变电所牵引母线和接触网之间的导线，即将电能由牵引变电所引向轨道（送至接触网或供电接触轨）。

接触网。接触网是悬挂在轨道上方，沿轨道敷设并和铁路轨顶保持一定距离的输电网。

钢轨。钢轨完成导能回流的任务。在轨道发挥其作为回流导线功能的同时，因其有电阻，首末端存在一定的电压差，会导致局部对大地泄漏电流，从而对沿线产生如电化学反应等危害，因此，需要采取措施保证安全。

回流线。回流线是连接轨道和牵引变电所的导线。通过回流线把轨道中的回路电流导入牵引变电所的主变压器。

供电臂（供电分区）。供电臂是牵引变电所馈线到接触网末端的供电线路。各牵引变电所的供电臂之间循环换相，使各供电臂电压不同相。

城市轨道交通的牵引供电为单相供电，接触网形式供电的电压为 1 500 V，接触轨供电的电压为 750 V。

（2）城市轨道交通的动力系统。

城市轨道交通的动力系统是指为城市轨道交通提供照明、控制、通信、信号、环控等设备的电力系统，为一级供电。其有别于牵引供电系统的是电压、制式等，动力系统是工频交流电，三相四线制，相间电压为 380 V。

（3）城市轨道交通的信控系统。

城市轨道交通的信控系统是保证列车运行安全、运行效率，保证各部门指挥信息顺畅，保证乘客有序运行的系统。包括行车信号控制、调度通信、广播与监控等子系统。

（4）城市轨道交通的环控系统。

为保证乘客和工作人员在城市轨道交通系统内有良好的乘车环境、工作环境，需要确保空气的温湿度、含氧量、噪声等指标在合理范围内，需要引入新鲜空气，调控温湿度，将废气、废水、渗水等排放到系统之外。城市轨道交通的环控系统包括空气交换、温度湿度调控、噪声控制、给排水、安全门等子系统。

2.3 其他公共交通系统

2.3.1 水上公共交通

由于江河湖海等水面的分割，阻隔了城市各部分之间的交通，因此，人们出入各地需要绕行较远的路程。由于建设桥梁的成本更高或者不具备建设条件，因此，水上交通成为不二选择。轮渡就是一种重要的大型水面客货运输形式。

（1）轮渡系统的特点。

1）轮渡系统是城市公共交通的重要组成部分之一。

2）轮渡系统以水面为运输通道，但需要与路面交通建立良好转接，并需要城市道路的支持。

3）一般轮渡系统载运工具——船舶的单体运能较大，适合于大运量的客货运输。

4）船舶的航速较慢，由于城市公共交通的航线较短，船舶在港靠泊作业和停靠时间就相对较长。

5）单位运输成本低、运价低。

6）系统的运行受气候、气象、水文、潮汐等条件影响大。

7）相比渡江大桥、海底隧道，渡轮机动性更强，前两者投资成本大、回收成本时间长、投资风险相对较高。

（2）轮渡系统的组成。

轮渡系统由运输对象、生产者和生产工具三部分组成。

1）运输对象有乘客、滚装车辆等。

2）生产者有领导与调度指挥人员、船员、场站工作人员、后勤机构人员等。

3）生产工具具体划分如下。

①船舶：客船、渡轮、快艇等。
②岸上设施：主要为轮渡站，由站房、停车场、栈桥、道路等部分组成。站房包括售票、候船、休闲、商务活动等区域。
③水上设施：泊位、航道、回转水域、锚地、防波堤等。
④助航设备：航标、灯塔、信号灯船、无线指挥通信系统等。

（3）轮渡系统的轮渡站。

轮渡站是为乘客和车辆提供上下渡轮服务的场所，需要有较为完善的服务乘客的设备，是车辆临时停放的场所和上下船舶的通道。

（4）轮渡系统的航道与航线。

航道是船舶在自主航行过程中经过的水域通道。为保证船舶通行的安全和效率，航道需要有一定的宽度和深度。影响航道设计的因素有水流、水深、船舶型深、季节（枯水期、丰水期）、船型与风力、风向等。若水中含沙量大、淤积快，将会淤积和阻塞航道。航道还需要经常维护。

航线是一种经济意义上两点或多点间的连线，表示有船舶运行的意思。航线信息包括轮渡站点，船舶到、发时刻表，船型（仓位）等。

（5）轮渡系统的渡轮。

渡轮又称渡船，是一种大型的水面客货运输交通工具。渡轮运行于两个或者三个及以上的码头之间。

渡轮有多种类型，如旅客渡船、汽车渡船、列车渡船和新型的铁路联络船等。其一般包括客舱、货（车辆）舱、驾驶舱、轮机舱、舵舱、船员生活舱等部分。同样地，汽艇或舢板等也能实现乘客运输。

渡轮可以是定期班次，也可以等客满才起航。

（6）轮渡系统的运行。

渡轮在维护基地维护完毕后，航行进入港区，根据车辆滚装和船舶航向，确定靠泊方向和位置，如有必要还可以进行回转掉头，然后可以进行靠泊、系缆、搭放栈桥/跳板、乘客登船/车辆上船、移走栈桥/跳板、解缆启航、出港、航道运行等一系列操作。在目的港，则是进港、靠泊、系缆、搭放栈桥/跳板、乘客下船/车辆下船……

渡轮在多个轮渡站之间往复运行，根据客/车流量，调整运力配备和更新时刻表。

2.3.2 索道

索道又称缆车，是一种缆绳附加运输工具的运输形式，可作为客、货运输工具。索道分为架空索道和地面缆车。架空索道是车辆和钢绳架空运行的缆车设备；地面缆车是车辆和钢绳在地面沿轨道行走的缆车设备。

（1）索道运输系统的组成。

作为城市公共交通的一种，索道的运输对象是乘客；生产者由管理机构、调度指挥和作业人员等构成；生产设备包括索道站（见图2-10）、索道车（缆车）、缆索、驱动系统（电动机、减速器等）、支撑装置（支撑桩柱机构或轨道）等。

1）索道站的功能。

索道站的基本功能是交通功能，为乘客提供购票、候车、运输、乘降以及与其他交通方式便利衔接等服务。索道站还有其辅助功能，如观光、休闲娱乐、历史文化传承等。

图 2-10　某索道站外观

2）索道站的空间构成。

基于乘客的交通和休闲娱乐等需求，索道站的空间布局由售票室、候车室、乘降空间、办公室、商旅服务空间、机械设备间（供电、驱动等）等构成。索道站外部要有与其他交通方式换乘衔接的空间等。

3）索道车（缆车）。

索道车是乘客乘坐的空间设备，其由缆索牵引运行，悬吊于空中或有地面轨道支撑。索道车与缆索的连接有固定式和可分离式两种。

4）驱动系统。

利用减速机，将动力传动到大型转盘机构，使缆索在摩擦力的作用下随同移动，带动车辆运行。图 2-11 说明了索道站内部构成。

驱动系统的设计需要保证在乘客上下车时，车辆保持停止或低速运行状态，以有足够的时间和空间使乘客安全、顺利乘降；缆索的运行快，则缆车在途中的运行速度就快，可缩短乘客的在途时间（观光线路除外）。

图 2-11　某索道站站内机构

5）支撑装置。

支撑装置由转盘、塔架和滑轮等机构组成，可使缆索悬挂并牵引索道车在空中运行。或利用轨道支撑缆车，由绞盘驱动缆索，牵引缆车运行。

支撑装置需要保证缆索有一定的驰度，以确保系统的安全运行；使索道车与地面设备、树木等障碍物保持一定安全距离；需要保证索道车受风力的影响小。

(2) 索道运输系统的特点。

索道客运系统建设成本低、运营成本低,但索道客运系统运输能力小,因而使得其单位运输成本高、票价高。索道客运系统能够适应山区坡度大、沟壑纵横等常规交通建设与运营困难的地区。

2.3.3 出租汽车

出租汽车是指经主管部门批准,按照乘客(用户)的意愿提供客运服务,按照行驶里程和时间收费的客车。一般是使用小型客车(轿车)作为载运工具。

(1) 出租汽车的行业属性。

公共性:占用城市公共道路网资源,提供无差别的客运服务。

市场性:在运营方式、线路、时间等方面具有较强的自主性。

(2) 出租汽车行业的重要性。

截至2023年年底,我国的出租汽车数量为136.74万辆,从业人员约240万人;2024年出租汽车年运送乘客量为267.7亿人次。

(3) 出租汽车行业的规制内容。

出租汽车行业的规制内容包括准入规制、总量控制、价格规制、服务质量规制。

(4) 出租汽车行业的管理。

出租汽车行业具有特殊性,因为其行业内部的利益交错,所以兼具市场性与公益性双重特征,对政府的管理能力提出了挑战。

出租汽车行业由区县级政府的运输管理局(处)负责管理,管理内容包括出租车总量指标、行业标准、运输费率等。

在出租汽车运输市场中,营运车辆的总量必须得到控制,做到既保护营运者利益,也保护乘客利益。总量过多,车辆间会存在竞争、降价、空驶里程多等现象,导致经营者效益下降;总量过少,城区范围内单位面积的车辆分布数量少,乘客的乘车需求不容易得到满足。

政府管理部门制定行业标准和运输费率,规范营运车辆的经营,能够减少矛盾纠纷。

(5) 出租汽车行业的组织。

出租汽车运输实行公司制,由公司负责日常事务和行业行为管理。公司拥有车辆,驾驶员承包车辆,经营运输生产业务;个人也可以将自有车辆挂靠公司,服从公司管理,缴纳管理费用,约定利益分配。

出租汽车公司按乘客约定时间、车型要求制订运输计划,由驾驶员执行计划;也可以由驾驶员在城市道路网中候客运行。

(6) 出租汽车运输特点。

1) 按照乘客的要求,运行到目的地。

2) 在城市道路网运行。

3) 一般选择里程最短线路或用时最少线路。

4) 为提高车辆的利用率,一般实行双班作业,24 h运行。

5) 出租汽车单车座位少,运输能力低。

6) 相比于公共汽车,出租车运行速度快、送达速度快。

7) 运输成本高,乘客付出费用高。

2.3.4 公共自行车

公共自行车又称共享自行车，是公共自行车出行系统的简称，是城市公共交通的组成部分，具有公共服务属性，一般由公司经营管理。有别于居民自有自行车，为全体居民（合规使用人）提供骑乘服务是公共自行车的重要特点。

(1) 公共自行车出行系统的构成。

公共自行车出行系统通常以城市（区域）为单位进行部署、建设。

该系统由驻车站点（停车区）、非机动车道路、自行车、驻车电子防盗锁、电子标签、通信与监控设备、数据中心、维护基地（调派与维修）等组成。

公共自行车驻车站点主要分布在居民生活、工作集聚区的出入口，公交车站附近，重点解决公交"最后一公里"的问题。

公共自行车行驶的道路可以是专用的非机动车道，或者"慢行交通一体化"区域，尽量避免机非混行。

(2) 公共自行车的结构、特性要求、基本参数。

公共自行车车辆结构可以理解为机动车的简化，也有转向系、制动系、传动系等，由骑车人作为"发动机"；电动自行车还有蓄电池和电动机，以及安全与通信控制系统等。

公共自行车的动力形式有人力踩踏驱动，单纯使用电力驱动，也有电力人力混合驱动。

公共自行车的骑行速度为 5~10 km/h。

公共自行车具有交通服务功能，兼有娱乐健身功能。

(3) 公共自行车的使用管理。

1) 骑行资格的获得。

要求使用人具有骑行技能和交通安全意识，一般规定 12 周岁以下儿童不可使用。公共自行车经营者与骑乘者之间约定责任义务范围，即骑乘者在选车开锁时，默认接受使用规则。

骑乘者缴纳押金或购买借车卡。

2) 骑行。

在停车区刷卡，租赁车辆，即可开始骑行。

公共自行车需要有专用的非机动车道、停车场。在有规定的慢行交通一体化区域，可以在人行道与行人混行。

3) 骑行结束。

到达目的地后，骑行者在就近的驻车站点，将公共自行车归还至停车位。锁好车辆，费用结算，完成还车。

(4) 公共自行车的驻车站点与停车管理。

公共自行车驻车站点的设置对系统运行有重要影响，要解决以下两个问题。

1) 公共自行车配置数量与骑行者需求的合理匹配。车辆过多，会造成车辆闲置，出现停车位不足、乱停车阻塞交通等问题。

2) 车辆停放秩序。骑行者随意停放车辆或停放于隐蔽场所，要么影响人行道交通，要么使其他骑行者无法取得空闲车辆。

运用合适的管理手段可以提高车辆使用效率。具体方式如下。

1）根据车辆与驻车装置的连接方式不同，可分为软连接式、硬连接式。硬连接式驻车装置可分为横梁式、立柱式、龙门式等多种不同类型，各具优缺点。车辆大量集中到达时，硬连接式停车装置可能发生停车位不足的情况，影响骑行者还车；软连接式停车，骑行者可能随意停车。

2）电子围栏的设计，可以约束骑行者在归还车辆时，将车辆停放于规定区域，否则会提高结算费用，如图2-12所示。

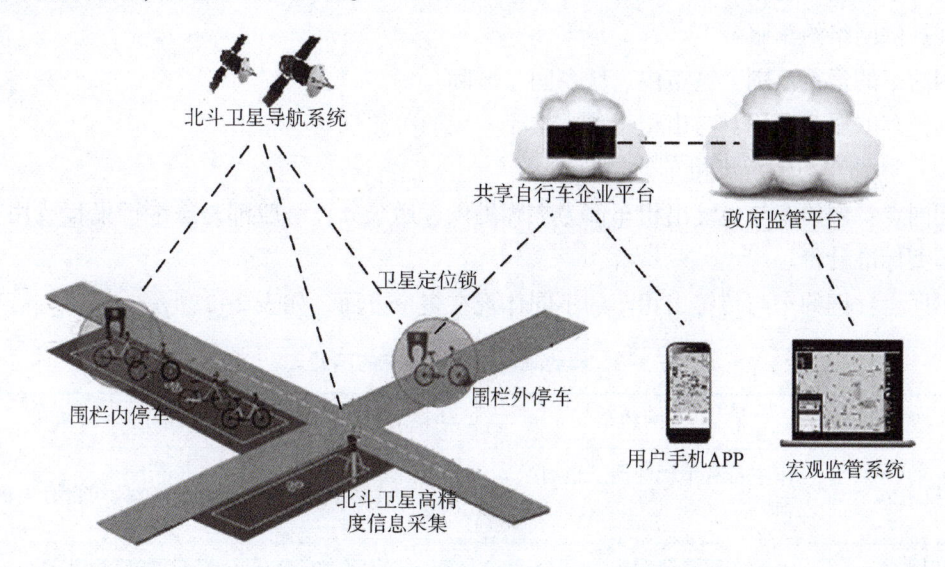

图 2-12　公共自行车电子围栏示意图

（5）公共自行车的数据中心。

公共自行车的数据中心利用定位技术和通信技术，可以远程获得车辆位置和状态，实现管理和调配车辆。一个数据中心可管理几百至几千个站点，每个站点配备20~80个驻车电子防盗锁（车辆），其功能如下。

1）监控车辆运动轨迹，分析需求特征。

2）发现驻车站点车辆不足或富余时，向管理员发出指令，调派车辆。

3）发现故障车辆时，发出维修指令等。

（6）公共自行车的政策支持。

在平原城市区域，自行车的使用非常普遍，对道路通行能力的要求非常强烈。如何平衡机动车与非机动车的通行压力是个重要议题；此外，使用公共自行车可以实现低碳环保、绿色出行。

公共自行车经营企业进入区域开展业务，需要政府主管部门的批准和支持。

（7）公共自行车的发展趋势。

1）便利、省力、电力驱动的公共自行车将成为发展趋势。

2）公共自行车可以开发多维服务，如广告、商业支撑等。

3）公共自行车管理的智能化可使其效率更高。

2.3.5 网约车

网约车是指通过网络设备,将租车信息传递给驾驶员,驾驶员应答客户要求,完成运输任务的形式。其中的服务网络泛指因特网、移动通信、固定电话等多种联络方式。

(1) 网约车的特性要求、基本参数。

网约车的车辆:一般小型汽车(轿车)作为网约车比较经济适用。但是当乘客人数较多时,可以提出对大型车辆的需求,一些运营企业也提供商旅车、大型客车等的出租服务,并提供网络约车服务。

网约车的运行范围:城市内、城乡间、城际。

网约车的服务费用:与出租车费用具有一定的可比性。

(2) 网约车与传统出租车的异同。

相同点:网约车与传统出租车都为乘客提供客运服务,一般都是按乘行里程或用车时长、车型标准计价。

不同点:网约车与传统出租车的不同体现在多个方面,如表2-2所示。

表2-2 网约车与传统出租车的不同点

	网约车	传统出租车
产权主体	车主自有车辆注册,也有公司车辆注册	个人自有车辆挂靠公司或公司自有车辆
管理主体	网约车服务公司	出租汽车公司、政府运输管理部门
车辆保有数量	不限数量	在城市中,出租车总量受政府运输管理部门控制
租车方式	网络呼叫	路边招手即停、电话或网络预约等
计价方式	按里程、时间、乘客人数计价	按里程、时间计价,与乘车人数无关

一方面,为及时获得乘客的乘车需求(呼叫),传统出租车纷纷加装了网络通信设备,正在向网约车方向转变;另一方面,网约车的经营者逐渐加强规范化经营,强化公司化管理,其组织形式正在朝出租车公司化方向发展。

(3) 网约车的工作流程。

1）驾驶员、车辆、乘客注册。一次注册即可长期使用。

2）向网约车数据中心上传车辆位置与在线工作状态等信息。工作状态包括候客、运输、非营运(休息、加油、故障维护)等。

3）乘客呼叫(需求)信息传递至网约车数据中心。

4）网约车数据中心寻求距离乘客最近的候客车辆,派单给驾驶员,并将信息反馈给乘客。

驾驶员接单。车辆运行至乘客处,运送乘客至目的地。

费用结算。包括乘客将乘车费用结算给网约车公司,公司将费用分配给车主。

驾驶员、乘客互评反馈。

(4) 网约车的准入与经营。

1) 网约车公司的成立。建立公司章程,申请并获得经营许可证、道路运输营运许可证等。

2) 驾驶员个人将驾龄与安全行驶记录、车辆状态提供给网约车经营公司,经公司审核通过即可经营。

从事网约车服务的公司有滴滴、嘀嗒、首汽约车、曹操专车、熊猫约车等。百度、高德等互联网企业的导航数据也接入了网约车服务。

(5) 网约车的问题。

1) 在网约车系统运营过程中可能存在不规范、安全漏洞等问题。如系统外结算,平台得不到服务费。

2) 对平台的监管不足,大数据杀熟、平台间低价恶性竞争等。

3) 准入门槛较低,驾驶员素质良莠不齐,个别人利用平台犯罪使乘客人身受伤害、财产受损失等。

(6) 网约车的发展趋势。

1) 提高信息化水平,使乘客的需求能够更迅速地得到满足。

2) 政府相关部门介入企业的生产经营管理,提高网约车企业经营的规范性。

3) 建立完善的乘客、驾驶员信用评价机制,使乘客出行与企业经营更安全。

4) 分散经营的小型公司将消亡,大型公司的在线车辆数量会更多。

扩展阅读

(1) 课程网站链接:https://mooc1.chaoxing.com/mycourse/teacherstudy?chapterId=478449906&courseId=217805435&clazzid=40019533。

(2) 在城市公共交通的发展历史过程中,出现了哪些主要的公共交通工具?(参考内容链接:https://zhidao.baidu.com/question/1447973330392832180.html)

知识小结

学习本章后,应该了解城市公共交通的各种形式及其系统构成、生产设备特点以及适应性。这些系统的共性是利用载体,按乘客需求,将其载运到目的地,收取费用;区别是载体的具体形式不同。

在此基础之上,应该掌握子系统客运能力的计算方法,分析各种形式的城市公共交通系统的客运能力,即各种形式的城市公共交通系统都是由若干子系统串联或并联组成,其中能力最小的子系统限制了整个系统的客运能力。在一定的设备条件和技术组织方法条件下,在单位时间内,每个子系统能够实现的最大客运量是一定的,这一最大客运量即为该子系统的客运能力。

城市公共交通

思考题与练习题

(1) 公共汽车交通系统的组成有哪些？
(2) 试比较公共汽车线路与城市轨道交通线路的异同点。
(3) 城市轨道交通的组成部分有哪些？
(4) 轮渡系统的组成部分有哪些？
(5) 轮渡系统的轮渡站布局包括哪些部分？
(6) 索道运输系统的组成部分有哪些？
(7) 索道运输系统在城市客运系统的地位和作用是什么？
(8) 怎样确定一个城市的出租车（网约车）合适的保有量？
(9) 出租车（网约车）行业系统结构如何？
(10) 如何解决公共自行车停放空间（位置、容量）问题？
(11) 如何保证公共自行车的行驶空间？
(12) 公共自行车如何适应客流流向不均衡的情况？
(13) 网约车对道路交通系统的影响有哪些？

第3章
城市公共交通客流分析与预测

知识目标

（1）了解城市公共交通客流的构成要素。
（2）掌握城市公共交通客流的调查方法及预测方法。

本章的学习重点与考核权重如表 3-1 所示。

表 3-1　学习重点与考核权重

能力目标	知识要点	权重
能够分析城市公共交通客流的构成要素	客流特征分析方法	0.3
能够进行城市公共交通的客流调查	调查方法	0.3
能够完成相关区域或特定线路的客流预测	客流预测方法	0.4

引　例

（1）客流预测：2020 年我国中心城市城轨交通客运量占公共交通客运总量的比例为 38.7%，比 2019 年提升 4.1%，其中上海、广州、南京、深圳、北京、成都 6 个城市城轨交通客运量占公共交通出行总量的比例超过 50%。"十三五"期间，城轨交通累计完成客运量 969.4 亿人次，平均客运量 194 亿人次/年，比"十二五"期间平均客运量 106 亿人次/年增长 83%。"十四五"期间我国城市轨道交通客流量发展趋势预测如图 3-1 所示。

（2）客流分析：广州地铁 2022 年 2 月客流月报如图 3-2 所示。全月日均客流量为 617.74 万人次，受春节假期影响进入全年低谷期。其中，工作日日均客流量 756.15 万人次，休息日日均客流量为 433.19 万人次。休息日和工作日的巨大差异主要源于春节假期以及节后休息日强冷空气压制出行意愿的影响。全月最高日客流量为 2 月 25 日的 914.70 万人次，全月最低为 2 月 1 日的 182.40 万人次，该数值同时也是当年全年最低日客流量，主要原因是阴雨天气影响了人们的出行。

31

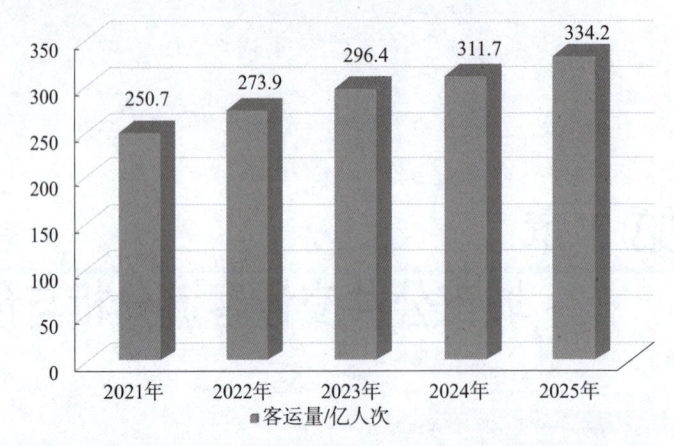

图 3-1　2021—2025 年我国城市轨道交通客流量发展趋势预测

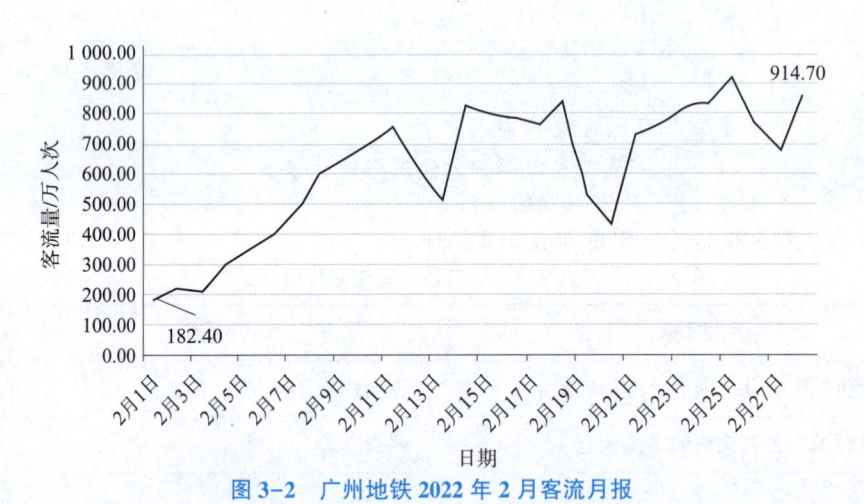

图 3-2　广州地铁 2022 年 2 月客流月报

3.1　客流概述

3.1.1　研究城市公共交通客流的目的

研究城市公共交通客流的目的有以下几个方面。

（1）可以掌握城市中人们出行的特征、规律与趋势，发现现有城市公共交通系统存在的问题与不足。

（2）长期客流预测资料可以为制定城市中长期公共交通系统发展规划提供依据。

（3）短期客流数据可以为公共交通企业的日常生产计划和调度指挥提供依据。

3.1.2　城市公共交通客流的概念

（1）客流。

客流是指在公共交通线路某一方向、某一断面上，在一定时间内用某种交通工具来实现位置移动的乘客的总称。

(2) 客流量。

客流量是从总的方面反映城市居民需要乘坐公共交通车辆的数量程度，其中包含时间、方向、地点、距离、数量等因素。流动的数量称为流量，流动的方向称为流向，流动的时间称为流时。

客流量的大小取决于城市性质与面积、人口密度、经济水平、就业人口、城市布局、出行距离，以及公共交通线路网的布设、票价、服务质量等诸多因素。

3.1.3　城市公共交通客流的分类

（1）按照出行目的划分。

1）工作性客流。乘客因上下班需要而乘坐公交车辆形成的客流，统称为工作性客流。这种客流每天有固定的乘车次数和一定的乘车时间，比较稳定，有一定的动态规律，是公共交通的基本客流。

2）学习性客流。乘客因学习需要而乘坐公交车辆形成的客流，统称为学习性客流，包括业余学习客流、脱产学习客流等，这种客流也有固定的乘车时间和乘车次数，但数量比较少，是公共交通的次要客流。

3）生活性客流。其属于因文化生活需要而出行的客流，范围很广，如去文化娱乐场所、购买商品、走访亲友等，此类客流统称为生活性客流，这种客流没有固定的乘车次数，但是数量却很大，特别在节假日期间的数量会更大。影响此类客流的客观因素很多，如气候的转变、社会活动的频繁、经济发展的水平等都直接影响此类客流乘车的次数。所以，这种客流的稳定性很弱，有特殊的规律性，是调度部门较难处理的一部分客流。

（2）按照出行区域划分。

1）市区客流。市区客流流量大，时间性强，起伏变化幅度大，高峰时间显著，乘车距离短，转换车交替频繁。

2）郊区客流。郊区客流流量小，乘车距离长，早晚方向差异大，一般是早进城晚归乡，节假日乘车人数多，受农忙、农闲、天气变化、季节变化影响较大。

3.1.4　影响客流的因素

影响客流的因素包括经济和非经济两方面，概括起来主要有土地利用因素、人口规模、客运服务及替代服务的价格与质量、城市轨道交通服务水平、政府的交通运输政策、交通网的规模与布局、私人交通工具的拥有量等。

（1）土地利用因素。

1）土地的用途。其中涉及城市各区域功能的定位。

2）在用地上建造的建筑类型。其中涉及在用地上进行的社会经济活动类型。

3）土地的利用状况。其中涉及在用地上进行的社会经济活动的强度，如人口数量、就业及物产情况等。

土地利用与客流之间是源与流的关系，城市各区域功能的定位决定了出行活动的多少以及出行的流量、流向、流时。此外，土地利用规划对城市布局模式有着重要的影响，在城市由单中心布局发展到单中心加卫星城镇布局，又进一步发展到多中心布局的过程中，通常都会伴随着客流的大幅增长。

(2) 人口规模。

城市中的出行量与人口规模、出行率之间存在密切的关系，因此，除了要分析常住人口、暂住人口和流动人口的数量，还应分析人口的年龄、职业、出行目的、居住区域等特征。根据出行调查资料，不同人群的出行率存在差异，一般规律是在常住人口中，中青年人群的出行率高于幼年与老年人群的出行率，上班、上学人群的出行率高于退休人群的出行率，市区人口的出行率高于郊区人口的出行率；在暂住人口、流动人口中，旅游人群的出行率高于民工人群的出行率，流动人口的出行率高于常住人口的出行率等。

(3) 客运服务及替代服务的价格与质量。

票价是影响客流的重要因素，但票价对客流的影响与收入水平对客流的影响是综合产生作用的。票价与收入水平的影响有4种可能的组合，其中低收入、高票价最不利于吸引客流。市民的消费能力与收入水平直接相关，城市轨道交通的客源主要来自中、低收入人群，而中、低收入人群对票价的变动又比较敏感，当城市轨道交通票价支出占收入水平的比例较大时，选择城市轨道交通方式出行的客流量就会下降。

在分析票价对客流的影响时，还应注意乘客会通过权衡各种出行方式的票价高低及性价比来选择出行方式。在收入水平一定的情况下，只有在城市轨道交通的性价比高于其他出行方式或替代服务的性价比时，城市轨道交通才具有吸引客流的优势。

(4) 城市轨道交通服务水平。

评价城市轨道交通服务水平的指标主要有列车频率、运送速度、列车正点率、舒适便利程度和乘客安全等。在收入水平逐渐提高、可选择出行方式增多的情况下，服务水平成为市民选择出行方式时主要考虑的因素。因此，服务水平是影响客流及潜在客运需求的关键因素。

(5) 政府的交通运输政策。

大城市确立以公共交通为主、个体交通为辅的交通运输政策，优先发展公共交通，大力发展城市轨道交通，控制自行车与私人汽车的发展对引导市民利用公共交通与城市轨道交通出行有重要意义。而要实现这一交通运输政策，首先是应加快公共交通设施的建设，如提高城市轨道交通线网的密度、建成大型换乘枢纽等；其次是优化现有交通资源的利用，如完善城市轨道交通与常规公交、自行车、私人汽车的衔接换乘，减少与城市轨道交通线路走向重复的常规公交线路等。

(6) 轨道交通线网的规模与布局。

多层次的城市轨道交通线网、合理的线路布局及走向和功能完善的换乘枢纽对实现城市中心区 45 min 交通圈，增大城市轨道交通对出行者的吸引力，提高城市轨道交通在公共交通中的运量分担比例具有重要的作用。此外，从土地利用与运输系统互动、运输需求与运输供给互动的角度，国外学者提出了通过建设交通运输走廊来推动车站周边地区土地开发利用的交通导向开发（transit-oriented development，TOD）规划模式。由于城市轨道交通具有运能大、速度快、能源消耗和空气污染低的优势，TOD 规划模式在城市轨道交通建设领域得到了较多应用。国外的研究发现，根据车站附近地区的土地利用情况不同，TOD 规划模式可降低小汽车车流量的 5%～20%，而城市轨道交通的客流则相应增加。

（7）私人交通工具的拥有量。

在客运需求一定的情况下，利用私人交通工具出行的人数越多，则通过公共交通出行的人数就越少。长期以来，国内大城市的自行车出行比例达到50%~60%，其原因一方面与出行距离较短有关，另一方面与公共交通服务水平较低有关。大量的自行车与机动车争抢道路，加剧了道路交通的紧张局面。

3.1.5　城市公共交通客流的数量指标

流向量。指在单位时间内，从甲站上车的乘客到达乙站时下车的乘客人数。计量单位以人次计算。流向量是一个既能反映乘客的流量，又能反映流向的乘客动态指标，是制作流向量统计表的最主要的原始资料。

客/货运量。指在一定时期内，各种运输工具实际运送的旅客/货物数量。它是反映运输业为国民经济和人民生活服务能力的数量指标，也是制订和检查运输生产计划、研究运输发展规模和速度的重要指标。

通过量。指在单位时间内，车辆向一个方向运行时经过某路段/站段的乘车人数。

集结量。指在单位时间内某站/站段需要乘车的乘客人数，其数值等于运载量和待运量之和。

疏散量。指在单位时间内，某站/站段下车的乘客人数。

待运量。指在单位时间内，某站/站段未乘上车而留站等待乘车的乘客人数。

交替量。指在单位时间内，某站/站段上下车的乘客总人数。

客运工作量（客运周转量）。指在单位时间内，全部公共交通乘客的乘车总行程，计量单位为"人·km"，即区间通过量与站距之积的累计和。计算公式为：

$$E = \sum_{i=1}^{n} A_i S_i \tag{3-1}$$

式中　E——客运工作量，人·km；
　　　A——各站（段）或各区间人数（通过量）；
　　　S——站距，km；
　　　i——站间区间序数。

平均运距。指乘客每次乘车的平均距离。计算公式为：

$$平均运距 = \frac{客运周转量}{乘车人次} \tag{3-2}$$

3.1.6　城市公共交通客流的形态特征及其发展规律

（1）线路网上的客流量的表示法。

1）可以将城市区域划分为若干小区，再将小区之间的到发客流量填入表格来表示线路网上的客流量，用以从宏观角度研究城市交通发展趋势。

2）可以将某一条公交线路上车站之间的上下车乘客数填入表格，用以研究具体线路上的车辆开行方案和现场调度问题。

3）可以形象地用路网中代表某线路线条的粗细表示客流量的大小。

城市中心区客流大，用粗线条表示；郊区的客流一般较小，用较细线条表示。

（2）客流的分布形态。

在一条公共汽车或城市轨道交通线路上有多个车站，车站周边土地利用情况不同，车站的上下车人数不等，从而导致线路断面的客流量不同。

1）方向上的客流动态。

一般线路都有上下行两个方向，两个方向的客流量在同一时间分组内是不同的，有的线路双向的客流量几乎相等，有的线路则差异很大。由于方向上的客流动态不同，可计算出两个方向的运量数值，为确定相应的调度措施、合理地组织车辆运行提供依据，方向上的客流动态类型可分双向型和单向型。

双向型：上下行的运量数值比较接近。市区线路属于双向型的较多。这种线路在车辆调度上比较容易，同时每辆车的利用率较高，如图3-3所示。

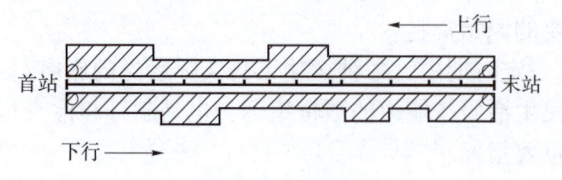

图3-3 双向型客流示意图

单向型（潮汐型）：上下行的运量数值差异很大。这样的线路在车辆调度上较为复杂，每辆车的有效利用率较双向型线路低，如图3-4所示。

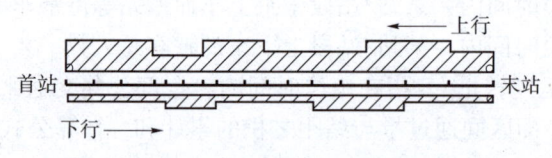

图3-4 单向型客流示意图

2）纵断面上的客流动态（某线路的单方向数据）。

线路上各停靠站的上下车人数是不相等的，车辆经过各区间时的通过量也是不相等的，从客流动态可以看出客流在不同时间内在纵断面上的分布特点与发展规律。客流在线路纵断面上的动态分布具有一定特点，从整条线路进行归纳，有以下几种主要类型，如图3-5所示。

"凸"型：各区间的通过量以中间几个区间数值为最高，因而纵断面上的客流量呈现出凸起的形状。

"平"型：各区间的通过量很接近，客流强度近乎处于同一个水平。有些线路在接近起、终点站的1~2个站间区间通过量较低，但其余区间的通过量很接近，这种情况也属于此类型。

"斜"型：每个区间的通过量由小至大逐渐递增，或者由大至小逐渐递减，在纵断面上显现梯形分布，整体构成斜型。

"凹"型：与"凸"型纵断面的通过量动态特点正好相反，中间几个区间的通过量低于接近两端区间的通过量。全线路纵断面的通过量分布呈凹型。

"不规则"型：各区间的通过量高低分布不能明显地表示为某种与之类似的形状或客流变化规律。

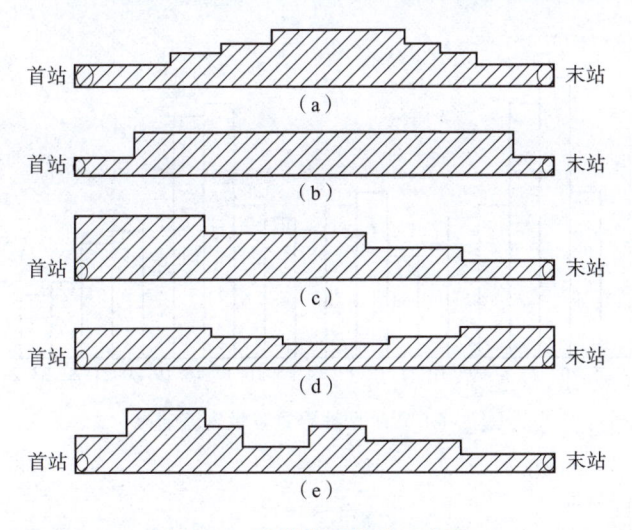

图 3-5　各纵断面客流示意图

(a)"凸"型；(b)"平"型；(c)"斜"型；(d)"凹"型；(e)"不规则"型

(3) 客流动态的发展规律。

1) 季节性变化。

在一年中，每月的客流量互有差距而不平衡，有一定的起伏变化。在一般情况下，冬季每月的客流量比较高，夏季则比较低。这是因为冬季寒冷，部分骑车人和步行者大多改乘公交车辆。而且，人们在岁尾年初的生活出行也会增多，于是客流量有较大幅度的上升，而夏季城市居民的社会活动量减少，从而导致客流量普遍下降。

2) 周变化。

在一个星期中，由于受工作日和休息日的影响，每天的客流不等，但变化较为稳定，每周的客流会呈现出重复出现的规律。其特点是每周一早高峰、周五晚高峰客流量较大，且近郊线路较市区线路更为明显。市区线路在周六、周日的通勤客流大幅下降，而平日低峰时间的生活娱乐性客流量在周六、周日则有很大幅度的增加。

3) 昼夜变化。

一天之内各个小时的客流动态不相同。根据客流量在一昼夜不同时间内的分布，其动态发展可以划分为双峰型、三峰型、四峰型和平峰型四种类型。

双峰型。双峰型在一昼夜内有两个显著的高峰，一个高峰发生在上午（6:00—8:00），称为早高峰。另一个高峰发生在下午（17:00—19:00），称为晚高峰，如图 3-6 所示。这种类型是比较典型的，在工业型城市中有一定的代表性。

三峰型。三峰型比双峰型多一个高峰，如果这个高峰出现在中午（12:00—14:00），则称为中午高峰；如果出现在晚上（20:00—22:00），则称为小夜高峰。一般来说，这个高峰的数值比早、晚两个高峰小，如图 3-7 所示。这种类型常见于市内线路。

四峰型。四峰型比双峰型多两个高峰，这两个高峰一般出现在中午（12:00—14:00）和晚上（20:00—22:00），而数值都比早、晚高峰小，如图 3-8 所示。这种类型多出现于在工业区行驶的线路上，其乘客大多是三班制的工人，虽然高峰时间短，但在调度工作中必须引起重视。

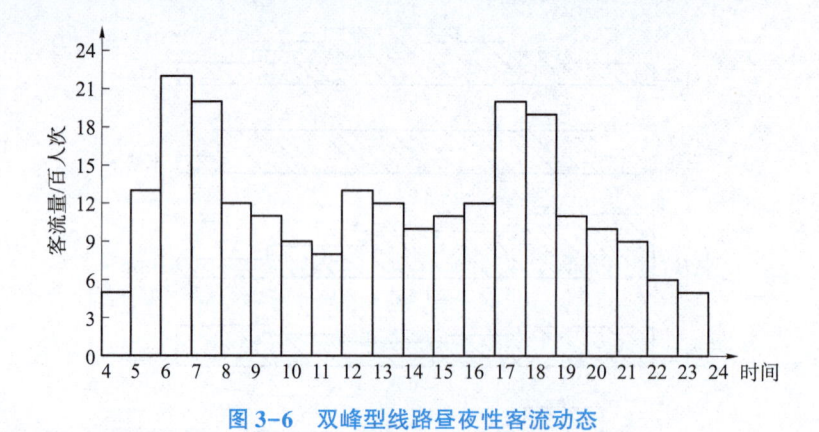

图 3-6　双峰型线路昼夜性客流动态

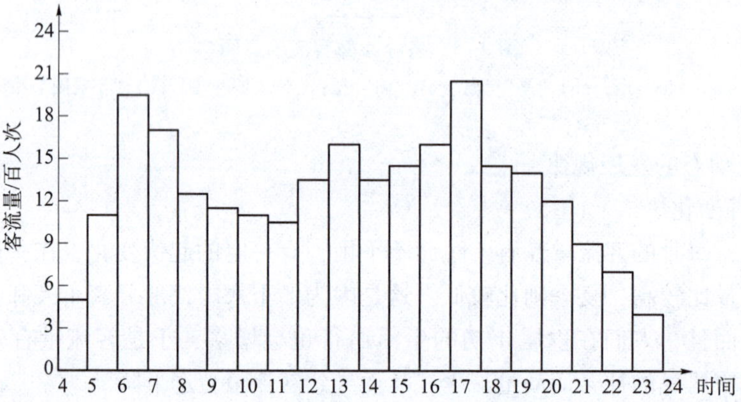

图 3-7　三峰型线路昼夜性客流动态

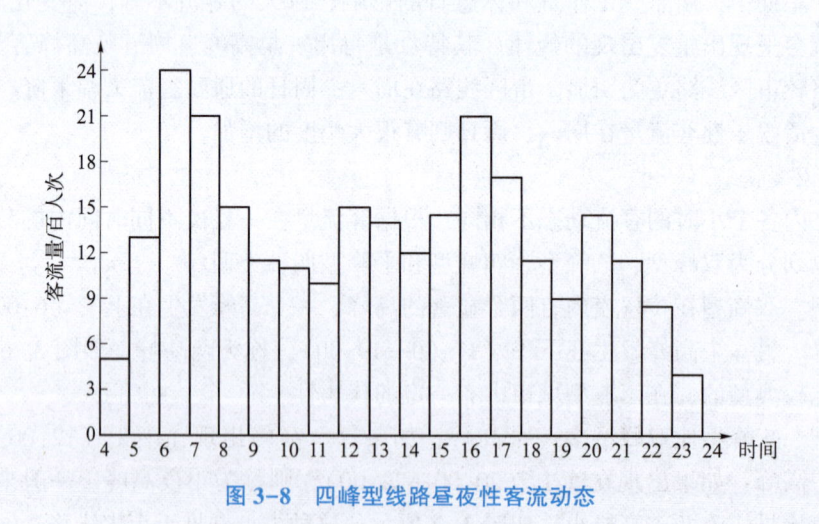

图 3-8　四峰型线路昼夜性客流动态

平峰型。客流动态在时间分布上没有明显的高峰，客流量在一昼夜的分组时间内虽有变化，但升降幅度不大，如图 3-9 所示。

图 3-9　平峰型线路昼夜性客流动态

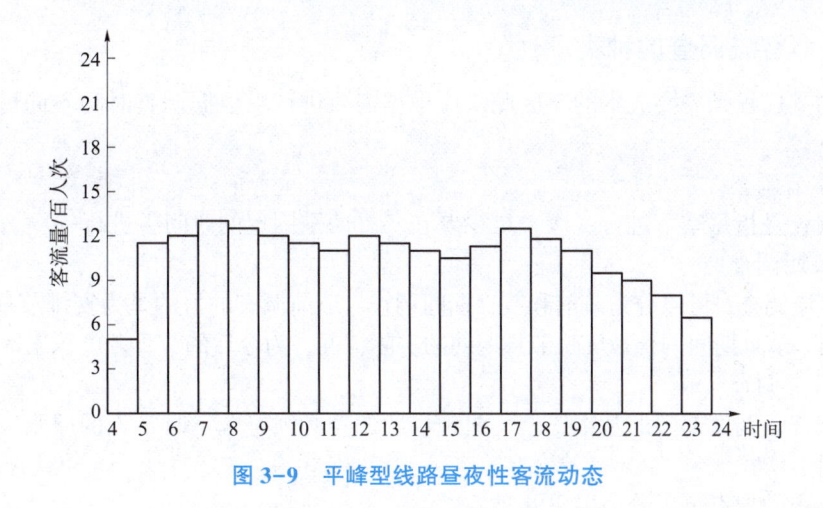

3.2　客流调查

3.2.1　客流调查的作用、目的及意义

客流调查，需要积累比较长期的资料以供分析。除了直接从调查中获得资料，企业中常用的各种运营报表汇总的统计数字，也是反映客流周期性升降波动的重要资料。但是要掌握客流动态的规律，还要取得经常性的、全面的调查资料并对之进行综合分析。因此，公共交通企业需要建立定期、全面的客流调查制度。

这里的客流调查是指公共交通企业有目的地对客流在线路、方向、时间、地点、区间上的动态分布进行的经常的或定期的，全面的或抽样的调查并进行分析的过程，是对城市居民乘车需求情况分布的相关资料的收集、记录和分析过程。经常系统地进行客流调查是为了研究线路在各季节、各月、各周中及一昼夜内各小时中客流量的周期性变化规律。客流调查可以使行车作业计划的组织和设计更切合实际。通常情况下，经常的、定期的客流调查，可以检验运行调度措施同行车运行实际情况以及客流实际情况的偏离程度，并根据客流动态对调度措施及时进行修改、补充和完善。客流调查是公共客运经营管理的基础工作，通过掌握客流的规律，可以避免非高峰时间车辆空驶造成的浪费，更加经济合理地使用车辆；通过对客流调查资料的分析，了解线路客流在各区间、时间段及方向上的不平衡性，可以合理配备车辆，编制符合实际的行车时刻表，更科学地进行运营调度。

乘客是公共客运交通的服务对象和研究对象，对客流动态的调查与分析，是公共客运交通运输部门必须经常进行的重要工作之一。客流量会随着时间的变化在各个方向和各个区间上不断变化。通过调查，掌握客流变化的动态规律和特点，能够提高运营管理水平、改进调度措施、充分发挥车辆的营运效能、提供重要信息和决策依据。具体地说，包括合理布设线路网、开辟线路、调整现有线路；合理设置停靠站或调整原有停靠站；选择客运交通工具的车种、车型，经济合理地配备运力；组织行车调度，编制行车作业计划，改进调度措施；制定公共交通企业的长远发展规划，适应城市发展，满足人们不断增长的乘车需求等。

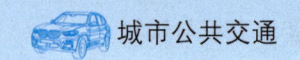

3.2.2 客流调查的种类

客流调查过程是需要成本的，因此，应根据需要进行。根据调查时间不同可以分为以下几种。

(1) 季节调查。

季节调查是指每季节进行一次，至少要在冬夏两季固定的时间各进行一次。

(2) 节期调查。

节期客流调查，可以分为节前和节日期间调查。节前调查的目的是为安排节日的运行调度提供预测，节日期间调查是反映节日期间的实际情况，为今后的节日调度积累资料。

(3) 日常调查。

日常调查是调度部门的基本工作。对现场的调查必须符合定时定点的原则，便于分析和汇总资料。

根据调查的地点可以分为以下几种。

(1) 随车调查。

随车调查是指由专人乘坐线路营运车辆，逐站记录两个方向上的人数。

(2) 驻站调查。

驻站调查是指派专人在站内记录上下车人数，以及通过驻站点的车内乘车人数。

(3) 出访调查。

出访调查是指派专人走访调查单位，了解该单位所属人员乘车情况以及参与该单位主办各项活动的人数。在一定范围内对所有调查对象均进行调查，这虽然能全面反映客流动态，但是受调查力量等条件的限制，实际应用较少。通常是在抽样调查的基础上，按照数理统计方法做数据处理，进而取得资料。

(4) 集会调查。

集会调查是对客流变化有较大影响的大型活动进行专门性的调查，因为大型活动能产生大客流的集散量，必须派专职人员参与集会观测，为现场调度提供动态信息。

(5) 线路现场调查。

线路现场调查是在固定的线路和站点上，对客流来源及去向进行调查，是公共交通调度部门的日常业务。

按照调查的形式不同，可以分为以下两种。

(1) 间接调查。

城市客流随着国民经济的发展而增长，而城市建设的发展也会影响居民的出行次数和距离。因此，应定期从有关部门了解、收集国民经济和城市建设的资料，以便及时掌握客流的变化趋势。

(2) 直接调查。

直接调查是指进行出行调查、月票调查和单位调查。居民的出行活动是构成客流的基础，月票乘客是城市公共交通的一种基本乘客。广大企业、事业单位的上下班时间和工作班次构成是影响客流的基本因素。直接调查的内容一般均按调查目的进行设计，并以专用表格形式呈现。直接调查还包括现场调查，其中，现场调查有集会调查和线路现场调查。

3.2.3 客流调查的方法

(1) 随车客流调查法。

随车客流调查是在线路运行的每辆车中安排专人记录每个车站上下车的乘客数量，以及车站上留站人数多少的一种全面调查。

随车客流调查可以在全市范围内进行，也可以选择部分或一条线路进行；可以在全天营业时间内进行，也可以在某一段营业时间内进行，这取决于调查的不同目的。

1) 随车客流调查的组织方法如下。

在营运的所有车辆上，从早出的第一班车开始直至晚上末班车为止。有夜班车的线路也要安排专人进行随车调查。随车调查的人数，根据车型而定（一个门设一个人），在车门附近选好适当的位置（看上下车人数时，视线不受阻碍）。按照表格的要求进行上下车人数的记录，该表格为原始记录表（见表3-2）。在因车辆拥挤而有留站乘客时，还需注明未上车的留站人数。

表 3-2 随车客流调查原始记录表

年　　　月　　　日　　　星期：　　　单位：　　　姓名：

	站号	1	2	3	4	5	合计
	站名	××	××	××	××	××	
时间	5:00—5:30	—	58	89	110	125	382
	5:31—6:00						
	6:01—6:30						
	……						

注：此表为对1号站原始数据的调查，如由1号站上车到2号站下车人数为58人，到3号站下车人数为89人，到4号站下车人数为110人，以此类推。

2) 随车客流调查应注意的事项如下。

①对调查人员的配备要事先做好周密的安排。做好培训工作，如高峰时段同时上下车的人数较多，应如何观察记数；车在行进中如何在记录表上写清数字等。

②原始记录表上应注明路别、车号，写清发车时间。

③上下行每一个单程车次填写一张统计表格。统计表格由线路调度员在该车辆未发出时签注交给随车调查人员，到达终点站时交换下一车次的表格。

④终点站设立收表员、发表员及核算员。核算员要及时对收回的调查表进行核对，且要将几个门的表格整合在一起，并负责对车上的调查人员进行业务指导。

⑤大型的随车客流调查，必须建立领导班子，并要有专人负责调查人员的生活。注意车上调查人员交接班的连续性，安排接送调查人员的车辆。

⑥必须保证原始资料的准确性和完整性。

⑦在调查日要和线路的运营调度员做好配合，保证按行车时刻表执行。

⑧以购票标准尺度计算人数，不足购票标准尺度的儿童不计算。

⑨认真填写调查表。尤其注意月票数与售出票数的分类。

⑩几个门（1辆车）的原始表合计数出现上下人数差额时，核算员应进行调数。调数时从低往高调（如上车人数为216人，下车人数为208人，应将下车人数调平为216人），

并在上人或下人较多的车站调平。

⑪当某车次丢失或漏掉原始调查表时，应补上此车次的统计表。

3）随车客流调查的一般作用如下。

①全市性的调查可以在一天的全部运营时间、全部线路上进行。它可以反映同一时间内全市公共交通系统的运营状态，全市各大型集散点与居民区及工业区的集散情况，全市月票乘客的乘车情况及月票在各个区域线路上的流量分布，是组织公共交通近期计划和远景规划的重要资料。

②局部线路的调查是为了研究某些线路的客流动态特点和规律而进行的全日性调查，以获得该地区和线路的客流动态变化，如沿线主要集散点客流量的增减、不同时间的区间客流量的分布，为该地区部分线路的行车时刻表的编订、改进调度方法提供资料。

③局部时间的调查即根据需要只进行高峰或平峰的调查，局限性较大，还需结合历次调查统计资料进行分析，为局部修正行车时刻表以适应客流需要提供资料。

4）随车客流调查法的效果和特点如下。

全市性随车客流调查的资料全面，准确度较高，一般误差不超过±5%，用途较广，但这种调查所投入的人力、物力较多。

调查数据一般采用计算机处理，但如急需局部数据，也可安排专业统计人员用两三天的时间整理出来，前提是整理的车次较少。

这种调查方法存在资料不够完整的问题，如客流的流向量缺乏起止点（origin destination，OD）资料，乘客换乘之类的因素不能正确反映等。

（2）问询客流调查法。

问询客流调查法是派调查人员通过问询的方式，记录每一个乘客上下车地点的一种方法。

1）问询客流调查的组织方法。

组织方法可分为随车问询和驻站问询两种形式。

随车问询一般用在站距长、上下车交替量小的线路。而在客流量大、站距短、上下车交替量大的市区线路，则宜采用驻站问询的方式。指派问询调查员的人数可根据每个站乘客的集散数量而定。问询调查法可以根据需要以及公共交通的规模，在全部线路或一条线路上进行。在调查人员有限的条件下，可以定期分批进行。调查时间的长短，可根据调查目的确定。

2）问询客流调查法的效果和特点。

问询客流调查能够反映每个乘客上车和下车的地点，同时也可反映出每一站上车的乘客到其余各站下车的人数、每个站上车乘客的乘距、每个区间的客流量负荷情况和满载率等。

在条件许可的情况下，还可以询问乘客的转乘，以掌握乘客的乘车规律与集散方向，解决线路各区间的乘车问题，便于将线路布设衔接得更好。

（3）月票调查法。

月票调查法是对购有公共交通月票的乘客进行日常乘车动态调查的方法。

1）月票调查的内容如下。

①月票乘客的工作单位、详细住址和工作地点。

②工作班制及休假日期。

③购买票种。

④乘车时间。

⑤乘坐线路（包括转乘线路）。

⑥上车站及下车站的站名（包括转乘线路的站名）。
⑦步行时间等。

2）月票调查的组织方法。

①收发调查表：调查表发放一般与乘客购买月票同时进行，由乘客当场填写后回收；也可结合更换月票卡工作同时进行，要求乘客在缴纳旧卡换发新卡（旧卡作废）的同时交回填好的调查表。

②校核调查表：收回调查表后，由调查员当场核对所填写内容，发现差错要及时改正。

③调查表编码、录入：将家庭住址、停车站等非数字信息变为便于计算机识别的数字信息后录入计算机。

3）调查资料的统计汇总及分析。

经过计算机的处理，可以得出以下资料和图表。

①月票乘客起止点分布、上下班平均出行距离、换乘次数、步行时间、乘车距离。

②主要集散点之间的流量与途径。

③各停车站的月票乘客流量、流向与集散量，这些数据可用于研究如何合理设站。

④每条线路上的月票乘客流量分布，可用于研究公共交通现有线路的走向与运力，判断其是否适应客流量的客观需要。

⑤可将全市公交线路交叉点归并成若干个大的区域，用表格的方式列出各个区域月票乘客的起止点并根据这些区域间月票乘客的流量与流向，对照现有公共交通线路的分布，研究如何进行公共交通线网的合理布局并调整行车时刻表。

4）月票调查法的效果和特点。

通过月票调查，可以掌握月票乘客在城市客流量中的比例，上下班高峰时间月票乘客所占比例一般在70%以上，月票客流比较稳定。

由于月票乘客上下班的行程线路比较固定，因此掌握月票乘客的动态及其规律，则基本上也就掌握了城市公共交通客流的一般规律。

总之，通过月票调查，可以掌握公共交通线路上的客流量分布、客流方向、乘车规律、出行特征，为制定城市规划和公共交通企业的规划提供科学的、有价值的资料。

（4）签票调查法。

签票调查法就是通过对每个站上车乘客购票情况的统计，来了解并掌握线路乘客的流量、流向与乘行距离的一种方法。签票调查可采取车上调查和车下调查两种方式。表3-3即为签票调查法用来统计客流量的样表。

表3-3 售出普通票分级记录表

发车时间：　　　　方向：

站　名	经过时间	票号/售出量				普客人数
		10 min	20 min	30 min	40 min	
始发站						
2号站						
3号站						
……						

用签票调查法汇总统计的调查资料是比较完整、准确的,它能反映各个站段在不同时间内的普客数量及普客乘车距离的变动情况。

(5) 发票调查法。

发票调查法是指在线路上的每个站,由调查人员向每个上车的乘客(包括月票乘客)发一张该站的调查票,同时收回每个下车乘客的调查票,以取得该线路各个区间客流分布动态的资料。

发票调查可在线路的重点站段进行,也可全线展开。每个调查点应按该线发车频率的高低配备调查人员。调查时,需要由行车人员密切配合,才能确保调查质量。

发票调查法用得较多的是局部抽样调查。一般应选择那些对全线影响大、集散量大、上下车交替频繁且乘车规律不够明显的站点作为调查点,对每个调查点上车的乘客进行发票调查,然后在其后的停车站派人负责收票并进行统计。汇总数据后,分别计算出调查点与其他非调查点的乘客人数及其相互间的比例关系。

发票调查法的调查效果与特点和问询客流调查法相近,但由于被调查的对象都是乘客,且需要乘客在车内乘车时填表,受乘客文化程度、乘车时间、车上环境条件等因素的影响,用此法进行调查的难度比较大。

(6) 填表调查法。

填表调查法是对工厂、机关、学校、文体场馆等单位的职工或居民小区居民的出行情况进行动态调查的一种方法,分为如下三种类型。

工厂(机关、学校)调查:主要是对以上单位职工乘车动态进行的调查。

文娱体育场馆:对线网范围内的影院、剧场、游艺场所、文化宫、公园、体育场/馆等公共场所人员进行的调查。

居民出行调查:居民出行调查又称起讫点调查、起终点调查、OD 调查,是对居民出行活动进行的全程调查。

(7) 利用信息技术进行数据采集。

公交客流信息采集技术与车辆定位、无线信息传输等技术相配合,可完成公交车辆乘客上下车人数、上下车时间及相应站点等数据的统计,真实地记录各时间、各区段的上下客流情况,实时或准实时地把信息传输到公交调度中心,获得随时间变化的客流量、公交OD、区间通过量、满载率、平均运距等一系列指标数据,从而为科学合理地安排调度车辆、优化公交线路、辅助完成客流调查提供第一手资料,还可以全面、如实地反映公交车辆的实际载客人数,方便与钱箱收入之间的核对。出行调查由所在城市的政府决定调查时间,一般由规划部门组织实施,期间需要公交、公安(主要是户籍)、交管、街道等各方面的配合,调查工作一般以居民家庭(居住地)为单位抽样进行,也包括旅店、集体户的人员。常用的客流信息采集方法有以下几种。

1) 利用公交 IC 卡进行公交客流调查。

公交 IC 卡的应用为客流调查提供了一种新的手段。通过对 IC 卡数据接口的系统进行设计,可获取乘客上下车的时间、相应站点等数据,也可以通过数据分析得到乘客出行的基本信息,如平均出行次数、起讫点分布、平均换乘次数、出行耗时、出行距离等。由于一般实行上车刷卡、下车二次刷卡,所以下车人数、起讫点分布等信息需要根据 IC 卡获取的乘客出行信息进行推测。这种调查方法的优点是技术简单可靠、成本较低,它的缺点在于对不使用 IC 卡的乘客不能进行统计。

2）自动乘客计数系统。

自动乘客计数（automatic passenger counter，APC）是自动收集乘客上下车时间和地点的有效方法，结合车辆自动定位、无线信息传输等技术，可以实时传送客流信息；借助于数据管理系统和地理信息系统，通过数据统计和空间分析可以得到运营所需的多样、广泛的数据资料。

相对于人工调查，该系统可以用较合理的成本不间断地实时获取大量较高准确度（约95%）的数据资料，再经与统计分析软件相结合，可自动产生公交系统运营管理所需的各种报表。由于这一系统需要与其他系统共同协调使用，其使用成本及对运营环境的要求都比较高。

3）基于图像处理的公交客流调查。

基于图像处理的公交客流调查，其工作原理是在上下车门口安装摄像机以获取视频图像，通过软件对连续图像进行分析处理，识别乘客及其运动，从而自动对上下车人数及方向进行计数。

这种方法的计数精度在很大程度上取决于图像分析软件的设计水平。此外，摄像装置易受振动、光线、温度的影响，图像质量的好坏也影响软件分析结果的精度。由于需要高质量的摄像器件和很强的图像处理能力，这使得该方法的应用成本较高，故一般用于检验人工调查及自动乘客计数系统的计数精度。

3.3 客流预测

3.3.1 客流预测的作用、目的及意义

客流预测主要是预测客流量和客运工作量，是在客流调查和客流统计的基础上，经过全面系统的研究和分析，对未来客流的变化趋势做出科学的估计。

科学的客流预测是公共交通企业提高服务质量、制定线路规划、编制运营计划、组织运行、提高服务质量的一项重要基础工作；是城市管理者制定公共交通政策、进行线网规划的依据。客流预测关系到城市公共交通系统的建设投资、运营效率和经济效益。

3.3.2 客流预测的分类

（1）按预测内容划分。

1）流向预测。流向预测是指对流向量的预测，主要用于线路网的规划调度和计划制订，其中包括新开辟线路和新建区域的预测客流概算。

2）流量预测。流量预测是指对客流数量，即运送乘客数量的预测，主要用于公交企业运营计划的编制和运营组织的安排。

（2）按照时间长短划分。

短期预测（1~3年）。短期预测主要是指对1至3年内各个季度和月份的客流预测，主要用于编制日常的运营生产计划。

中期预测（5~10年）。中期预测是指5年及以上的客流预测，主要用于编制中期的运营决策规划。

长期预测（15年以上）。长期预测是指15年及以上的远景客流预测，主要用于编制长期的运营决策规划。

客流预测的基础是大量、丰富的数据和资料，包括掌握城市的经济与社会发展计划、城市发展规划、城市社会经济发展的各种统计资料、公共交通企业历年的客流数据、各种客流调查数据、现实的客流状况以及各种客流预测理论的相关著作等。在取得上述数据和资料后，运用数学方法和经验判断，对资料和数据进行分析和整理，得出规律性的结论，为决策提供依据。

3.3.3 客流预测的方法

（1）直线趋势法。

1）徒手画线法。

这种方法是将原始的对应数值在坐标图上用点描出来，以表明其分布情况。一般来说，以时间t为横坐标（x轴），以客流量为纵坐标（y轴），如图3-10所示。坐标轴内点的分布是比较分散的，初看起来没有规律，因为变量之间并不都是确定的函数关系。但是如果从发展趋势看，随着时间的推移，客流量是上升的，时间和客流量之间存在相关关系。因此，可以不用数学公式，而是在这些点之间徒手画一条直线，所有数据点的波动基本上是以这条直线为中心，再把这条直线延长，就可以推算出预测值。这条直线可称为趋势直线。这种方法比较粗略，但十分简便。

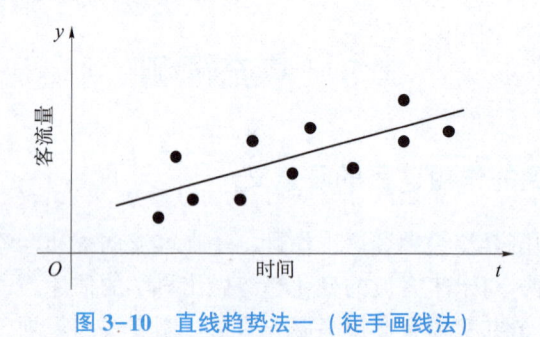

图3-10 直线趋势法一（徒手画线法）

2）数学公式法。

用数学方法将客流数据通过一个适当的方程式予以表示，是进行客流预测的有效方法。一般的直线趋势方程为：

$$y = a + bx$$
$$y = y_0 + \frac{y_1 - y_0}{x_1 - x_0}(x - x_0) = f(x)$$
$$y = ax + b \tag{3-3}$$

式中　y——预测客流量，人次；

　　　x——时间周期数；

　　　a，b——待定参数。

根据图3-10，坐标上的点可按数学公式描绘出图形，仍是一条直线，如图3-11所示，其数学公式应为取其任意两个点的坐标，坐标值分别为（x_0, y_0）和（x_1, y_1）。这两个坐标值描绘出的两个点可以确定一个唯一的直线方程具体表示为：

46

$$y=f(x) \tag{3-4}$$

对方程上任意一点(x,y)有:

$$\frac{y-y_0}{x-x_0}=\frac{y_1-y_0}{x_1-x_0}$$

整理得:

$$y=y_0+\frac{y_1-y_0}{x_1-x_0}(x-x_0)=f(x) \tag{3-5}$$

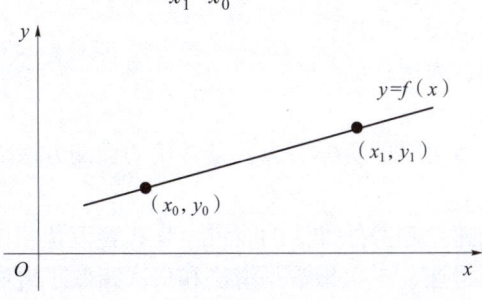

图 3-11　直线趋势法二（数学公式法）

由式（3-3）描绘出任意两点，可得到唯一确定的直线方程。

直线趋势法用一对坐标值(x_0,y_0)和(x_1,y_1)求得$y=f(x)$的近似值。由于两个点的对应值本身受到各种偶然因素的影响，会存在误差，而且某一个对应值常常不仅与其两个相邻的对应值有关，还与一系列其他的对应值都有联系，因此，画出的直线会与实际有较大的误差（所取的一对坐标值对决定一条直线有直接的关系）。

在$y=ax+b$中，只要知道了a、b这两个待定参数，即可预计任何一个时间的客流量。应用最小平方法（最小二乘法），可知$y=ax+b$的标准方程为：

$$\begin{cases} b\sum x + na = \sum y \\ b\sum x^2 + a\sum x = \sum xy \end{cases} \tag{3-6}$$

式中　a、b——待定参数；
　　　y——已掌握的客流量资料；
　　　x——已掌握的时间资料；
　　　n——已掌握的项次数。

解上述标准方程可求出待定参数a、b。将求出的a、b值代入趋势方程$y=ax+b$即可进行预测。用最小二乘法取得的趋势方程是唯一的，也是最适线，即误差的平方和为最小的直线。

（2）曲线趋势法。

曲线趋势法是指根据实际资料，研究现象数量变化的规律，以便预测这些现象的未来发展趋势的一种方法。

如果观测到现象的发展趋势按每期大致相同的增长速度进行增减变化，则这种现象的发展趋势基本上是指数曲线型的。指数曲线的方程式是$y=ab^x$，可转化为$y'=ax+b$，于是问题可以简化为一元线性回归方程求解。

如果现象的发展趋势是按与每期增长量大体相同的增减幅度变化，则这种现象发展的

47

基本趋势是抛物线型的，抛物线的一般方程式是 $y=ax^2+bx+c$。

(3) 平均速度趋势外推法。

平均速度趋势外推法是一种将历年客流量增长的速度平均化，并按平均增长速度推算未来若干年客流量的方法。计算公式为：

$$\bar{x} = \sqrt[n]{\frac{a_n}{a_0}} - 1 \tag{3-7}$$

式中　$\bar{x}$——年平均增长速度，人次/年；

a_n——第 n 年的客流量，人次；

a_0——基年的客量，人次；

n——时期因数。

这个方法简单易行，所需要的资料不多，是常用的预测方法。

(4) 指数平滑法。

指数平滑法是对平均速度趋势外推法的改进，是在客流预测中广泛使用的方法。指数平滑法又分为一次指数平滑法、二次指数平滑法和三次指数平滑法。

一次指数平滑法用来进行客流预测的优点是只要有本期客流量的实际完成数、本期流量的预测数和平滑系数 α 就能做出下期的客流量预测。对于平滑系数 α 取值的大小，可以根据过去的预测值与实际值的比较而定。差额大，则 α 值取大一些，差额小，则 α 值取小一些。通常 α 值的取值范围为 0.1~0.3。

1) 一次指数平滑法。

数学模型为：

$$S_t^{(1)} = \alpha Y_t + (1-\alpha) S_{t-1}^{(1)} \tag{3-8}$$

式中　$S_t^{(1)}$——第 t 期的一次指数平滑值；

$S_{t-1}^{(1)}$——第 $t-1$ 期的一次指数平滑值；

Y_t——第 t 期的实际观察值；

α——平滑系数，值域为 0~1，其大小决定了本次预测对前期预测误差的修正程度。

α 的值趋近于 1 时，表明新预测值包含了一个相当大的调整，即用前一次预测中产生的误差进行调整。相反，当 α 的值趋近 0 时，表明新预测值没有使用前一次预测的误差进行较大的调整。

预测模型为：

$$Y_{t+1}^* = S_t^{(1)} \tag{3-9}$$

式中　Y_{t+1}^*——第 $t+1$ 期的预测值；

$S_t^{(1)}$——第 t 期的一次指数平滑值；

t——预测的基年。

指数平滑法的两点说明如下。

① 平滑系数 α 的确定。

最佳的平滑系数应该使实际值和预测值之间差最小。实际操作时，可以取多个 α 值，分别计算其误差，选择预测误差最小的那个 α 值。

对于指数平滑法，若时间序列比较稳定，则 α 的取值比较小；若时间序列的波动较大，则 α 的取值也就相应地变大，这样才能使预测值敏感地跟踪实际值的变化。

② 初始预测值的确定。

指定初始预测值，一般采用的方法是当时间序列期数在 20 个以上时，初始值对预测结果影响很小，可用第一期观察值代替，即 $S_0^{(1)} = y_1$；当时间序列期数在 20 个以下时，初始值对预测结果有一定影响，可用前期几个数值的平均值作为初始值，如第一、第二期的平均值代替，即 $S_0^{(1)} = \frac{1}{2}(y_1 + y_2)$，该值可由软件自动生成。

2）二次指数平滑法。

二次指数平滑模型为：

$$S_t^{(2)} = \alpha S_t^{(1)} + (1-\alpha)(1-\alpha)S_{t-1}^{(2)} \tag{3-10}$$

式中 $S_t^{(2)}$——第 t 期的二次平滑指数值；

$S_{t-1}^{(2)}$——第 $t-1$ 期的二次平滑指数值；

$(1-\alpha)$——阻尼系数。

递推公式为：

$$Y_{t+T}^* = a_t + b_t T \tag{3-11}$$

式中 Y_{t+T}^*——$t+T$ 期的预测值；

T——预测的时间跨度。

$$a_t = 2S_t^{(1)} - S_t^{(2)}; \quad b_t = [\alpha/(1-\alpha)](S_t^{(1)} - S_t^{(2)})$$

3）三次指数平滑法。

三次指数平滑模型为：

$$S_t^{(3)} = S_{t-1}^{(3)} + \alpha(S_t^{(2)} - S_{t-1}^{(3)}) \tag{3-12}$$

在三次指数平滑处理的基础上，可建立非线性预测模型：

$$\hat{x}_{t+T} = a_t + b_t T + c_t T^2$$

其中

$$\begin{cases} a_t = 3S_t^{(1)} - 3S_t^{(2)} + S_t^{(3)} \\ b_t = \dfrac{\alpha}{2(1-\alpha)^2}[(6-5\alpha)S_t^{(1)} - 2(5-4\alpha)S_t^{(2)} + (4-3\alpha)S_t^{(3)}] \\ c_t = \dfrac{\alpha}{2(1-\alpha)^2}(S_t^{(1)} - 2S_t^{(2)} + S_t^{(3)}) \end{cases}$$

注意：一般初始预测值取 $S_0^{(1)} = S_0^{(2)} = S_0^{(3)}$。

(5) 相关分析法。

相关分析法是一种从事物之间相互依存关系出发进行预测的方法。它的可靠性比前面几种方法高，但所需资料较多，计算比较复杂。计算公式为：

$$y = a_0 + a_1 x_1 + a_2 x_2 + \cdots + a_i x_i \tag{3-13}$$

式中 y——预测客流量；

x_i——相关自变量（如城市人口数、收入水平、居民购买力水平或商品零售额等，$i = 1, 2, 3, \cdots, n$）；

a_i——待定参数（$i = 1, 2, 3, \cdots, n$）。

(6) 经验估计法。

经验估计法是指在没有比较准确和可靠的客流数据时，或者客流出现某种不可能用数量表示的偶然性波动时所采用的方法。它是依靠参加预测人员的实践经验和综合分析能力，根据掌握的情报信息，将主观认识的意见化为所需要的客流预测资料，对未来的客流状况做出判断和估计。

经验估计法的主要依据如下。

1）根据提供的信息和资料，召集有关人员，广泛听取意见，再由决策人做出结论性判断。

2）召集与预测客流有密切关系的专业部门的有关专业人员进行客流预测分析。

3）由专业部门就客流预测的内容向基层有关人员征求意见。基层人员掌握其所管辖线路和地区客流变化的丰富的第一手资料和实践经验。

（7）其他方法。

其他还有神经网络法、模拟退火算法模型、计算机仿真模型等，此处不一一介绍。

影响客流的因素多而复杂，相关预测理论和工具不能完全接近现实，无论哪种客流预测方法，预测结果都不可能百分之百准确。

人们日常的工作生活是有一定规律的，研究人员通过充分掌握客流资料，了解客流变化动态，可以观察其发展变化规律，再加上先进预测方法的运用，预测的准确程度是可以逐步提高的。在实际应用中，也可以同时使用几种方法，将不同的预测数值设定为目标的参考范围。

3.3.4 客流预测的结果与使用

（1）客流预测的结果。

客流预测结果是客流在时间、空间的分布。

预测结果可用表格、图形等方式加以表示，如图3-12、图3-13所示。

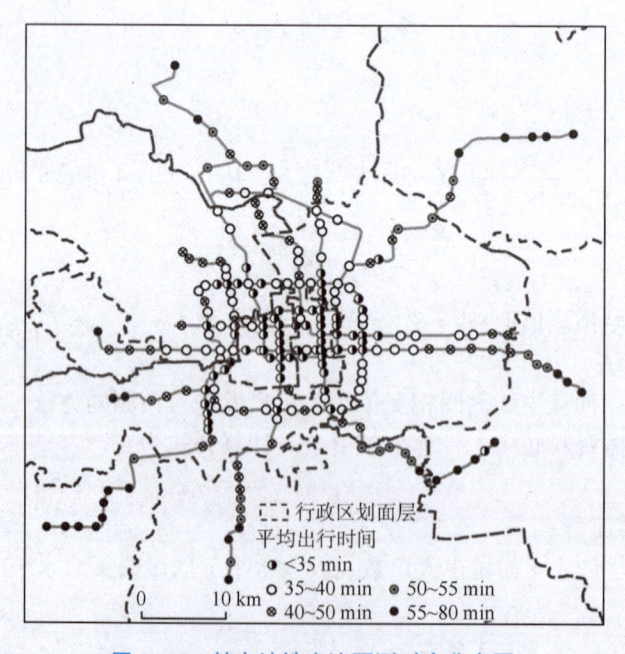

图3-12 某市地铁客流预测时空分布图

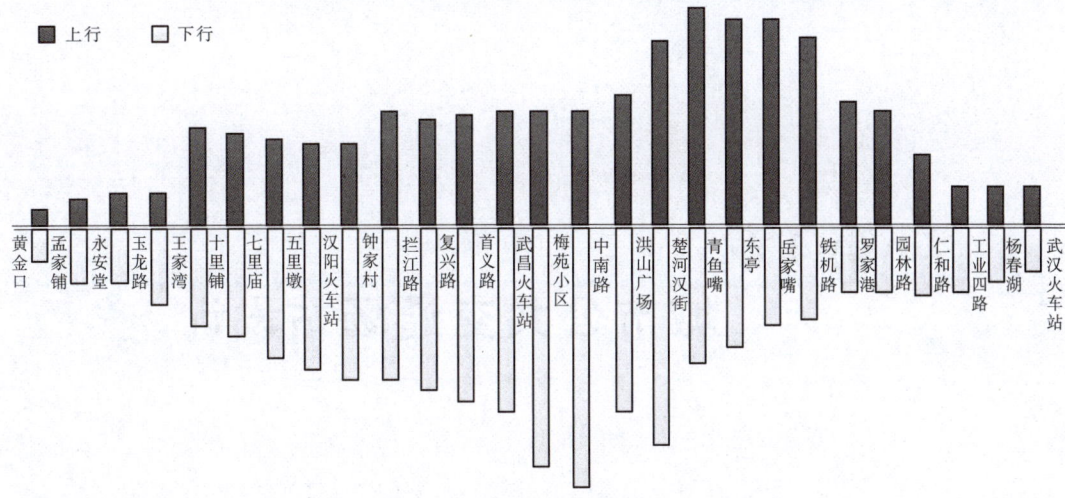

注：高峰小时：07:45—08:45，最大断面区间：青鱼嘴——楚河汉街（上行）/梅苑小区——中南路（下行）。

图3-13　武汉市城市轨道交通4号线高峰小时客流断面图

（2）客流预测结果的使用。
1）预测结果可用于城市公共交通车站设计、线网规划设计等。
2）预测结果可用于公共交通企业日常行车计划的编制等。
3）预测结果可用于行业政策制定、财政支持投入等。

扩展阅读

（1）课程网站链接：https://mooc1.chaoxing.com/mycourse/teacherstudy?chapterId=478449906&courseId=217805435&clazzid=40019533。

（2）https://zhidao.baidu.com/question/1447973330392832180.html。

知识小结

学习本章后，应该了解客流的概念、特征及分类，以及城市公共交通客流的数量指标、形态特征及发展规律，进一步掌握客流调查的目的、作用及意义。了解客流预测的分类和方法，掌握如何进行客流预测和使用预测结果。

思考题与练习题

（1）城市公共交通客流在时间和空间上的特征有哪些？
（2）如今，月票、签票调查法是否还适用？
（3）客流调查可以采用哪些信息技术方法？
（4）客流预测结果偏大或偏小有什么后果？
（5）如何提高预测的准确性？
（6）多种预测方法可否同时使用？

第4章 城市公共交通场站设计

学习目标

（1）分析城市公共交通系统的场站设计需求，确定场站的功能、类型与构成。
（2）掌握场站设计的基本原理、方法，能够进行城市公共交通场站的交通设计。

本章的学习重点与考核权重如表 4-1 所示。

表 4-1　学习重点与考核权重

能力目标	知识要点	权重
能够对场站的功能需求和详细规划进行定性分析	结合社会需求，定义场站的总体功能和细部功能	0.4
能够分析场站的规模需求	场站的分区域规模设计	0.2
能够设计场站的分区域布局	分区域布局设计与交通流线合理化 场站的平面设计、竖向设计	0.4

引　例

一般城市的公交站台通常只有站牌和长凳，登车方式一般是乘客们从前门上车、付钱，这种方式由于乘客上车速度慢，会造成车辆在站停靠时间较长。1991 年 10 月，在巴西城市库里蒂巴，勒讷为公交车站设计了独特的外观——未来主义风格的玻璃管（见图 4-1）。在这种设计中，道路的中间是两座玻璃管状的站台，面对着双向快速通道，这些通道是预留给那些橙色的长公交车的。它们从那些缓速行驶的车辆旁呼啸而过，在站台停下。乘客们购票、检票的程序在进站之前完成，就像地铁和轻轨那样，之后乘客们就可以在坡道上快速地从多个门上下车，从而减少了车辆停站时间，加快了乘客送达速度。

第 4 章 城市公共交通场站设计

图 4-1 库里蒂巴管式公交车站

4.1 城市公共交通场站设计概述

4.1.1 城市公共交通场站的功能、类型与构成

城市公共交通场站是载客工具停靠的空间，可供乘客乘降或换乘，以及完成其他生产辅助活动或附属服务活动。

（1）按照系统结构体系不同，城市公共交通场站的分类如下。

公共汽车场站：包括用于公共汽车系统运送乘客的场站（公交车站）和后勤服务场站（维修厂、停车场等），其按功能可分为客运站、停车场（存车场）、维修厂、加油站等；按位置可分为中途站、首末站；按客流量与客流性质可分为一般乘降站、换乘站、枢纽站等。

城市轨道交通场站：包括城市轨道交通场站、车辆段、存车场等。

轮渡场站：用于水上交通系统的场站，包括轮渡站、锚地、维修厂等。

索道场站：索道交通系统的站点。

出租汽车场站：限于出租汽车停靠候客的站点。

公共自行车场站：公共自行车停放的站点以及维修场所等。

（2）按照场站主要业务不同，城市公共交通场站的分类如下。

客运站：专门办理客运业务的车站，其主要用途是组织旅客安全乘降和迅速集散，保证旅客方便地办理购票、存取随身携带物品等一切旅行手续，并保证其可以舒适地候车。

停车场（存车场）：为线路营运车辆下班后提供合理的停放空间、场地和必要设施，并按规定对车辆进行低级保养和重点小修作业。

保养场：承担营运车辆的高级保养任务及相应的配件加工、修制，并负责修车材料、燃料的储存、发放等。

修理厂：承担营运车辆的大修作业。

（3）按照场站的规模，城市公共交通客运站可分为大型客运站（枢纽站）、小型客运站（中途站）等。

大型客运站（枢纽站）指大量城市居民的集散地，常有多条公交线路经过此处，上下车和换车的乘客多，各条线路的站点比较集中。

53

小型客运站（中途站）设置在公共交通线路沿途经过的各主要客流集散点上，是多条线路设置的除起点、终点以外的停靠站。

4.1.2　城市公共交通场站的设计内容

城市公共交通场站的设计内容包括场站功能设计、场站规模设计、场站交通（布局）设计、场站建筑设计等。

场站功能设计是指根据系统总体目标，确定场站的功能需求，如完成客运服务和维修任务，实现存放功能、附加服务功能等。

场站规模设计是指为了完成相应的生产任务，需要一定的平面空间、竖向空间、设备数量的保证等。

场站交通（布局）设计是指实现场站外部交通系统衔接合理化，内部子系统交通合理化等。

场站建筑设计是指为实现所需要的交通功能而进行的场站建筑的布局与美学设计、结构设计、供电与暖通设计、给排水设计等。

4.1.3　城市公共交通场站设计解决的问题

城市公共交通场站设计主要解决场站外部的衔接与内部布局的合理化问题。

城市道路公共交通场站的设计应有利于保障城市道路公共交通的畅通和安全，节约资源和用地。在需要设置公共交通设施的用地紧张地带，宜以立体布局为主，并且可以进行土地的综合开发利用。应将城市道路公共交通站、场、厂与城市轨道交通、快速公交和对外交通系统进行一体化设计。

场站设计需要解决城市土地的高效利用及开发问题，规划选址应新旧兼容、远近结合。公交场站规划要充分考虑现有公交场站用地、设施，以节省投资、易于实施，并要根据城市土地的开发计划逐步完善，正确处理好现状与远景的关系。在公交场站规划过程中，用地和需要之间可能会出现矛盾，尤其是城市中心区。在规划设计时，必须根据用地的允许条件，因地制宜地制定可行的场站规划方案。

城市不同区域、不同功能的公交场站，其布局方法也应有所区别。在设计公交场站的布局时，应遵照刚性和弹性相结合的原则，采用不同的规划模式，体现规划设计控制性和可操作性的协调统一。

公交场站应满足公交运营组织及与其他交通方式衔接的需要，实现公交运营的需求。对公交场站的规模进行定量的预测，并对其发展趋势、用地布局进行定性的分析，可以保证场站规划的合理、可信。

4.1.4　满足未来客流需求

公交场站的总体规模应以城市客流需求规模为依据进行预测。根据客流需求规模，计算需要的公交运力，再依据单位运力需要的各类场站用地指标，初步计算场站的规模。

一般来说，通过上述方法得出的公交场站面积为建筑面积，而场站的实际占地面积与场站的建筑形式有关。在人口稠密、土地资源稀缺的中国香港和新加坡，广泛采用修建立体公交场站或与其他建筑物相结合（一般置于地下一层）的形式，有效节约了土地资源。在我国许多城市，市中心区域开发强度高、客流需求大，普遍存在公交场站缺乏、车辆无处可停的问题；而在公交场站的规划设计中，不仅没有考虑与其他建筑物相结合，且已有的公交场站也多为平面设计的独立用地，土地利用效率不高。对影响公交场站面积的另外一个重要因素是公交车辆的形式，选用高容量的公交车辆能减少对公交运力的规模需求，从而减少公交场站面积，如香港广泛采用双层巴士，可减少约40%的场站面积。

4.2 公共汽车场站设计

4.2.1 位置与布局

公共汽车场站的设计有如下原则。

1）首末站一般设置在周围有一定空地、道路，使用面积较宽敞而人口又比较集中的地区附近；在主要客流集散点附近宜设有几条线路共用的交通枢纽站。

2）使一般乘客与车站的距离在以车站为中心约500 m半径范围内。

3）公交车站的站距，一般以乘客出行时步行不超过500 m为宜。因此，公交车站的距离为400~500 m。城市中心区站距略短，郊区站距略长。

4）公交车站尽量靠近道路的交叉口，以便服务更多的乘客。但是公交车站要保证公交车辆进出车站时不影响交叉口其他车辆的运行。因此，公交车站与交叉口停止线的距离一般应大于50 m。考虑到跨越多车道的影响，左转车辆停靠站应布置在出道口处，与出道口的距离应大于30 m。

5）为了不影响车道上社会车辆的运行，公交车站应尽量设计为港湾式。

6）当一个公交车站停靠的公交线路较多时，会因车辆进站需要排队而产生延误。在这种情况下，可将站台（站位）分开设置，形成纵列式或横列式布局。

7）当公交车站的站台设置在人行道上时，候车亭等设施需占用一定空间，设计时一定要给行人留出行走空间，否则行人不得不走非机动车道或机动车道，容易造成危险。

公交车站站台高度应与公共汽车地板高度匹配，以保证乘客上下车的便利性，特别是为轮椅出行提供可能。

公交车站站台面积需要能够容纳到达与候车客流，保证乘客可以在站台上候车。

公交车站站台布局应保证乘客能方便、迅速地进出。

8）保证不同交通方式之间衔接换乘的协调性。

提高交通的便利性。保证乘客换乘时行走距离短，能够利用换乘助力设施；保证不同交通方式间运输能力的彼此协调。

提高换乘的安全可靠性。保证乘客行走、驻足区不受车辆干扰，以保障乘客安全；避免非换乘人流介入换乘人流活动区域；空间的设置应利于快速步行、避免拥挤。

4.2.2 规模指标

（1）公共汽车场站建设的主要指标。

公共汽车场站建设的主要指标有站点覆盖率、平均停车及保养面积和车辆进场率等。

站点覆盖率是公共汽车站点服务面积占城市用地面积的百分比，是反映居民接近公共汽车程度的一项重要指标。

平均停车及保养面积等于停车场、保养场的总面积除以车辆保有量。

车辆进场率是全市公共交通停车场所能停放的车辆数与公共交通车辆总数的比例。

（2）公共汽车首末站规模。

公共汽车首末站的规模应按线路所配的营运车辆的总数来加以确定，主要考虑停车面积需要量以及其他辅助面积需要量，可用式（4-1）进行近似计算：

$$S_t = \sum_{i=1}^{k} N_i S_{标} \tag{4-1}$$

式中　S_t——首末站停车面积需要量，m²；

　　　k——首末站公共汽车线路条数；

　　　N_i——第 i 条公共汽车线路在首末站停靠的车辆数（折合为标准车辆数）；

　　　$S_{标}$——每辆标准车在首末站中的占地面积，m²/辆。

（3）公共汽车中途站规模。

考虑公共汽车在中途站的时空消耗，中途站需满足多条线路公共汽车在交通高峰时段停靠的需要，其规模即为中途站的广义容量（中途站的面积与其使用时间的乘积），可用下式计算：

$$S_m = \frac{\sum_{i=1}^{n} f_i S'_m t_m}{T\eta} \tag{4-2}$$

式中　S_m——公共汽车中途站第 m 站的规模（面积），m²；

　　　S'_m——常规公共汽车在中途站停靠所需的空间（面积），m²；

　　　n——中途站停靠的公共汽车线路条数；

　　　f_i——第 i 条公共汽车线路在高峰小时发送的车辆数；

　　　t_m——常规公共汽车在中途第 m 站的停靠时间，min；

　　　T——高峰小时数；

　　　η——高峰小时常规公共汽车中间停靠站的利用率。

（4）公共交通枢纽规模。

城市公共交通枢纽的现状规模通常是指目前该交通枢纽平均每天的客运周转量。这一指标对于城市交通规划、城市公共交通规划、城市公共交通枢纽的总体布局、城市公共交通枢纽本身的改扩建均有重大意义。

在城市公共交通线网规划中，确定场站枢纽现状规模的方法很简单，但其意义重大。在确定现状规模时，只要在待测枢纽站的所有售票处和公共汽车售票员处统计平均每天售票的张数（以及 IC 卡等多种付费方式的客流量汇总），然后乘以 2 就可以得出这个公共交通枢纽平均每天进出的总客流量（假设乘客的出行是以一天为一个周期）。计算公式如下：

$$A = 2Y \tag{4-3}$$

式中　A——公共交通枢纽的现状规模，人次；

　　　Y——公共交通枢纽内各种运输方式的售票总数，人次。

公共交通枢纽的设计规模应该符合城市发展需要，并能够满足规划年度的出行者乘车、换乘需求，因此，应基于规划、待改建或建设中的公共交通枢纽的预期客流量进行场站规模设计。

(5) 公共汽车场站的其他指标。

上述参数计算的结果为车站停车泊位的综合面积，此外还需考虑相应配套的站台面积、生产用房等空间。一般应满足如下要求。

大型首末站（枢纽站）：用地面积应不小于 12 000 m²，应建设停车坪、回车道，并配套建设调度、办公辅助设施，建筑面积应不小于 800 m²。

中型首末站：用地面积应不小于 8 000 m²，应建设停车坪、回车道，并配套建设调度、办公辅助设施，建筑面积应不小于 800 m²。

小型首末站：用地面积应不小于 3 000 m²，并建设调度室设施，建筑面积应不小于 100 m²。

中途站需要尽量设置成港湾式，以免影响道路交通。

停车场应均匀布置在各区域性线网的中心处，使其与线网内各线路的距离最短。在公交线路集中的地区附近，应优先安排停车场用地。

停车（保养）场建设规模：用地面积应不小于 35 000 m²。

保养车间等生产及生活设施的建筑面积应不小于 6 000 m²。

在筹划建设小区或卫星城时，应预留公共汽车场站用地。

4.2.3 其他设计

（1）换乘设计。

1）公共汽车线路之间的换乘。

由于换乘行为必须发生在公共汽车场站，因此，存在站外换乘和站内换乘两种方式。而站内换乘又存在同站台换乘、异站台（包括对向站台）换乘两种方式。

站台的容量要满足最大乘客量的需求。

去异站台（对向站台）换乘，需要有可保证安全、通行能力足够的通道（如过街人行横道、天桥、扶梯等）。

2）与其他公共交通方式之间的换乘。

一般通过步行方式过渡，步行距离应尽量短。

步行过程不要有其他干扰，需要确保安全。

步行通道的通行能力要足够大。

3）与步行系统的衔接设计。

把不同交通方式的流线分隔出来，避免在换乘节点处人流与车流的平面交叉，应分离换乘行人与换乘车辆。

设置过街天桥或地道、地铁出口、换乘天桥及地下通道，可将通道与街道设施进行一体化设计。

应设立机动车让行标志，还要辅以行人按钮式信号灯。

建立完善的（电子）引导系统，便于乘客迅速找寻目的地。

相关设施应采用"以人为本"的设计理念，换乘通道内应尽可能干净、明亮、安全，提高通道的亮度以减少行人的压抑感。

（2）公共汽车场站的标识设计及公交站命名。

1）标识设计。

设计站牌标识时要清楚注明公交车的走行线路及其途经的车站，需要在一个站牌上标注多条线路时，大多是由上至下逐条排列，当线路过多时可采用多个站牌。

站台的建筑设计和标识设计都要力求充分满足乘客的需要，为乘客提供最方便的上下车环境和乘车信息。

2）站名命名。

站名的命名应有助于乘客迅速对应车站所在空间位置，并且不易同其他车站相混淆。尽量做到全区域唯一。

一般以车站附近的标志性建筑、特定单位名称等来命名。避免以"××路"为站名。

（3）公共汽车停靠站的改进。

1）电子站牌与公交信息化建设。

车辆到站预告有助于在站乘客排队，做到有秩序上车，进而保证安全和提高上下车速度，减少车辆在站停留时间。

发布公共交通车辆行车时刻表，方便乘客安排出行时间。

2）变革售票方式。

将售票过程转移到地面，车上无售票机制，其目的是压缩乘客上车过程的时间，从而压缩车辆在站停靠时间。巴西库里蒂巴市管式公交站是城市公共交通车站功能变革的典型例证之一。

3）提供便民措施。

公共交通的目的是方便民众的出行，而民众的需求有多种，例如，残障人士需要乘坐轮椅出行，自行车爱好者需要携带自行车换乘公共交通车辆等。因此，公交车应设置登车翻板，车内应配有捆扎设备，方便助力车上车；车辆前端应设计置物架，可以搭载自行车等。相应地，公交场站需要设计无障碍通道。

4.3　城市轨道交通车站设计

4.3.1　车站分类与布局

（1）城市轨道交通车站的功能。

修建城市轨道交通线路的目的是解决市民的出行需求，人们上下城市轨道交通车辆的场所就是车站。从这个意义上说，城市轨道交通车站的功能类似于公共汽车站（stop），而有别于火车站（railway station）。

由于地铁交通网络中有多条线路交会于某个车站，而且有大运量的交通客流会在此集散，因此，在规划中必然将此类车站设置为公交枢纽。从这个意义上说，城市轨道交通的车站功能还需要考虑交通枢纽的要求。

城市轨道交通线路的集中电气、集中信号、集中控制等都设于车站内，线路运营、管理人员也集中在车站内。

不同的车站除了为乘客提供上下车场所这一相同的功能，还各有特点。具有某种典型功能的车站大致可分为以下几类。

1）以换乘为主要功能的车站主要应考虑乘客的换乘条件，以尽可能减少换乘距离为主要因素进行设计，并要具有足够的换乘能力。

2）作为接驳大型客流的集散点，车站需要考虑突发性客流的特殊情况，要留有足够的乘客集散空间，并创造快捷的进出站条件。

3）有列车折返运行需求的车站以保证列车在车站的营运能力为主要设计因素，应考虑车站配线的设置及由此带来的车站站位及平面布局的变化。

4）有要与建筑物的开发相结合要求的车站应考虑结构的统一性，并分清各种客流的流向，要给进出站客流提供独立的通道，并尽量减少与其他客流的交叉干扰。

5）有其他特殊功能需求的车站包括远期需进一步延伸的起点站，与其他交通系统的联运站等。

当然，车站的功能需求远不止以上几种，一般是以上几种或与其他功能需求结合在一起的组合，在确定站位和布局时，对这些需求都需要加以细致的考虑。

（2）城市轨道交通车站的分类。

根据城市轨道交通线路在城市空间中位置的不同，城市轨道交通车站可以分为地下车站、地面车站、高架车站。

根据列车在站作业内容的不同，城市轨道交通车站可以分为普通车站、折返站。折返站需要有折返设备（渡线、折返线等）。

根据乘客是否换乘，城市轨道交通车站可以分为普通车站、换乘站等。换乘站需要有换乘设施（通道、步梯、电梯等）。

城市轨道交通车站根据其客流量、所处位置、埋深、运营性质、结构横断面形式、站台形式、换乘方式等还可进行如下分类。

1）按车站客流量大小分类。

小型车站：高峰小时客流量在2万人次以下。

中等车站：高峰小时客流量在2万~3万人次。

大型车站：高峰小时客流量达3万人次以上。

2）按车站与地面相对位置分类。

地下站。由于地面建筑已固定或是要节省地面空间，将车站埋藏于地下。车站通过出入口及通道吸引客流。按埋藏深度可进一步细分为浅埋式车站和深埋式车站两种，其造价比地面站高得多。浅埋式车站一般采用明挖法或盖挖法施工，轨顶至地表距离在20 m以内。深埋式车站一般采用暗挖法施工，轨顶至地表距离在20 m以上。

地面站。设置在地面层，造价比较低，但占用地面空间，其缺点是造成城市轨道交通线路所经过的地面区域被分割，一般多在城市郊区采用。

高架站。按照高架结构的设置条件、投资和施工条件，高架结构车站可以设置成地面出入口、高架站厅、高架站台和地面出入口、地面站厅、高架站台两种形式。高架结构车站可以设置在道路两侧人行道上空或沿街建筑物内，但这种布局会使上下行线路分开，建设投资和占地面积均较大。高架结构也可以设在道路中部的上空，将上下行线路集中布置，并设置侧式站台，这种设置方法可使设备集中，便于管理，但对城市街道景观影响较大，并且会占用城市道路面积。

3）按车站运营性质分类。

中间站（一般站）。中间站仅供乘客上下车之用，功能单一，配线形式简单，是最常见的车站。少数中间站还设有具备临时停车功能的配线，以便在车辆出现故障时能快捷、有效地进行列车调整，尽快恢复正常的列车运行秩序。

折返站（区域站）。折返站是设在两种不同行车密度交界处的车站，站内设有折返线和设备，具有折返功能，能够进行折返作业。根据客流量大小，可利用折返站在两个区域站之间的区段上增加或减少行车密度，合理组织列车运行。折返站兼有中间站的功能。折返功能的实现可以通过折返线和存车线的不同组合实现。根据折返线与车站的相对位置，可以分为站前、站后、站前站后混合设置等多种折返形式。

换乘站。换乘站是位于两条及两条以上线路交叉点上的车站，它除了具有中间站的功能，更主要的是它还可以从一条线路上的车站通过换乘设施转换到另一条线路上的车站，最大程度地节省乘客出站、进站及排队购票的时间，为乘客换乘提供方便。

枢纽站。枢纽站是两种及两种以上交通工具在空间上集中，实现大量客流在交通方式之间交换的车站，通常是衔接地面公交、出租车、铁路、航空等交通方式的综合性站点。

终点站。终点站是设在线路两端的车站。就列车上下行而言，终点站也是起点站（又称始发站），终点站设有可供列车全部折返的折返线和设备，也可供列车临时停留检修。如线路远期延长后，终点站则变为中间站。

4）按地理区位和城市功能划分。

根据车站在城市里所处的地理区位不同、车站服务的客流类型的不同、车站在城市中发挥的主要功能的不同，可将车站分为以下几类。

对外衔接枢纽。位于城市交通和城际交通的衔接点，主要功能是实现长途客运汽车、铁路、航空等车站与城轨的衔接，如上海新客站、北京南站等。

网络节点站（换乘站）。位于城市轨道交通网络中两条及以上线路交叉、衔接的站点，其主要功能是实现网络内部的客流交换。

商业中心站。位于大型商业中心区的站点，周边商业及配套功能齐全，主要功能是客流的到发，车站本身也会开发部分商业功能。工作日客流以通勤为主，节假日客流以休闲为主，可能有换乘客流。

普通车站。线路上的普通终端站和中间站，位于大型商业区以外的其他社会功能区，主要功能是完成客流的到发作业，通常以通勤客流为主。

(3) 城市轨道交通车站的站台类型。

岛式站台车站。站台位于上下行行车线路之间，这种站台布置形式称为岛式站台。具有岛式站台的车站称为岛式站台车站（以下简称"岛式车站"）。岛式车站是常用的一种车站形式。其优点是站台面积可以得到充分利用、管理集中、车站结构紧凑、设备使用率高、乘客换乘方便等，但在站台上存在两个方向客流的交叉干扰问题。若两个方向的列车同时到站，则站台秩序较差，而且在车站两端容易出现喇叭口的线形，列车运行状态较差，因此常用于客流量较大的车站。

侧式站台车站。站台分别位于上下行行车线路的两侧，这种站台布置形式称为侧式站台。具有侧式站台的车站称为侧式站台车站（以下简称"侧式车站"）。侧式车站也是常用的一种车站形式。侧式车站站台上下行乘客可避免相互干扰，正线和站线间不设喇叭口，列车进出站无曲线，运行状态较好、造价低、改建容易，但是站台面积利用率低，不可调剂客流，中途改变乘车方向需经地道或天桥，车站管理分散，站台空间不及岛式宽阔。因此，侧式站台多用于两个方向客流量较均匀（或流量不大）的车站及高架车站。

岛、侧混合式站台车站。将岛式站台及侧式站台同设在一个车站内，这种站台布置形式称为岛、侧混合式站台，具有这种站台形式的车站称为岛、侧混合式站台车站（以下简称"岛、侧混合式车站"）。岛、侧混合式车站主要用于两侧站台换乘或列车折返。岛、侧混合式站台可布置成一岛一侧式或一岛两侧式。

(4) 城市轨道交通车站的区域划分。

城市轨道交通车站的区域包括设备区、工作人员工作区、乘客使用区（又可分为付费区、非付费区）、商业服务空间（区别于城市公共汽车交通方式，城市轨道交通有专用的线路和空间，如果政策上允许，则可以进行开发经营，其收益可以用于补充乘客运输的亏损）。

(5) 车站之间的距离。

车站之间的距离应根据具体情况确定，具体表现如下。

站间距离太短虽然能方便步行到站的乘客，但会降低营运速度，增加乘客旅行时耗，增加能耗及配车数量；同时，由于多设车站，也增加了工程投资和运营成本。

站间距离太长，会使乘客感到不便，特别对步行到站的乘客尤其如此，而且也会增大车站负荷。一般来说，市区范围内由于人口密集，大的集散点多，车站布置应该密一些；郊区建筑稀疏、人口较少，车站间距可以大一些。参照国内外已投入运营的城市轨道交通使用经验，在市区和居民稠密区的站间距离推荐保持在 1 km 左右；郊区由于情况不同，可根据现状和规划情况合理确定站位，城市轨道交通一般站间距都较大。

根据功能要求，一般每隔 700~2 000 m 设一座车站，城市中心区站距可取 700~1 500 m，郊区或有具体条件（如遇河流、铁路等）限制时可远至 2 000 m 左右；一些专门在市域内组团间建设、中间客流很少的线路可以每隔 5 000 m 左右设一座车站。总之，车站的设置应由线路的具体条件和主要功能决定，我国已建地铁的平均站间距离如表 4-2 所示。

表 4-2 我国已建地铁的平均站间距离

城市名	线别	线路运营长度/km	车站数/座	平均站间距/km
北京	一号线西段	16.87	12	1 534
北京	二号线	23.01	18	1 354
天津	一期工程	7.40	8	1 057
上海	一号线	21.61	16	1 441
上海	二号线	19.15	13	1 596
上海	三号线	24.97	19	1 387

4.3.2 车站的空间设计

城市轨道交通车站的总体设计，应妥善处理其与城市规划、城市交通、地面建筑、地下管线、地下建筑物之间的关系。车站设计要保证乘客使用安全、方便，并具有良好的内部和外部环境条件。车站空间设计应简洁明快、大方得体、易于识别，并能体现现代交通建筑的特点。某城市轨道交通车站剖面如图 4-2 所示。

(1) 城市轨道交通车站空间设计内容。

车站是为乘客提供乘降、集散、候车的场所，也是对列车运行进行管理、控制以及放置通信设备的场所。为了实现客运服务和列车运行组织，车站一般由车站主体（站台、站厅、设备用房、管理用房等）、出入口及通道、通风道及地面通风亭等附属建筑物组成，其中，车站主体是实施客运服务和列车运行组织的主要场所，出入口及通道是供乘客进出车站的建筑设施，通风道及地面通风亭等环境控制设施则保证了车站具备舒适的站内环

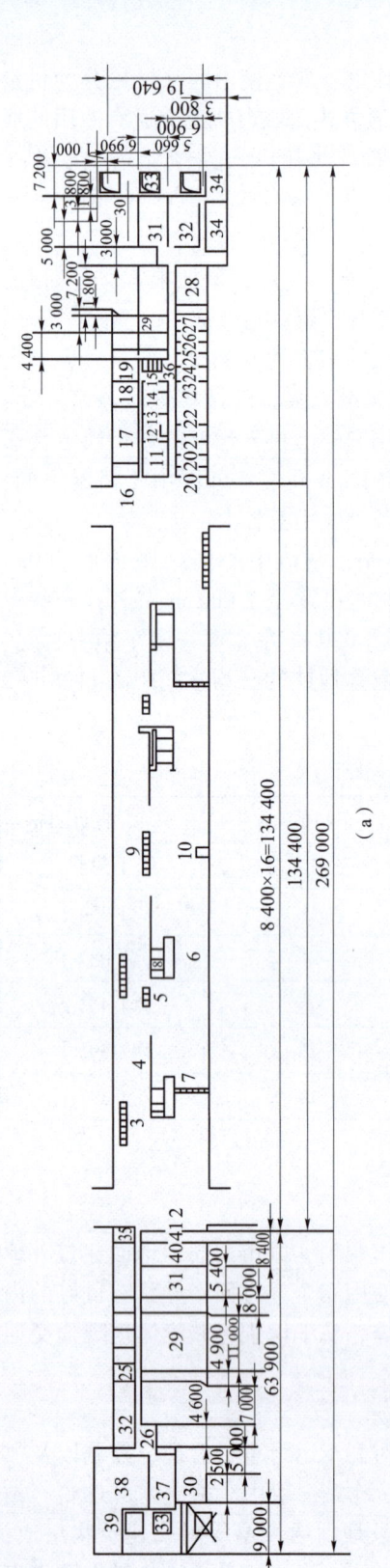

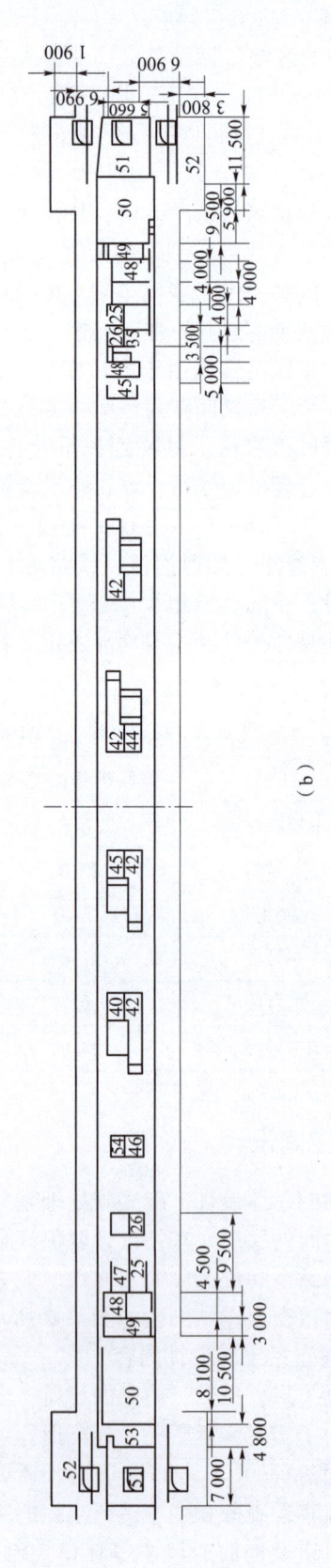

图 4-2 城市轨道交通车站剖面示意图
(a) 站厅层平面图; (b) 站台层平面图

1—出入口通道;2—非付费区;3—售票亭(机);4—栏栅;5—自动检票机;6—付费区;7—自动扶梯;8—人行楼梯;9—检票厅;10—补票厅;11—车站控制室;12—站长室;13—车站值班员休息室;14—茶水;15—厕所;16—防灾报警室;17—信号设备室;18—车票分类编码室;19—票务室;20—警务室;21—通信设备;22—电源设备;23—通信设备;24—通信测试室;25—1301室;26—配电室;27—更衣室;28—会议室;29—环控电控室;30—区间通风机房;31—设备、管理通风机房;32—环控电控室;33—吊装孔;34—站务室;35—清扫室;36—管理人员专用电梯;37—消防泵房;38—冷水机组;39—水泵;40—库房;41—无障碍通道;42—雨淋阀室;43—值班室;44—站台服务室;45—污水泵房;46—电梯机房;47—蓄电池室;48—SCADA室;49—车站回排风室;50—降压变电所;51—迂回风道;52—推力风机;53—废水泵房

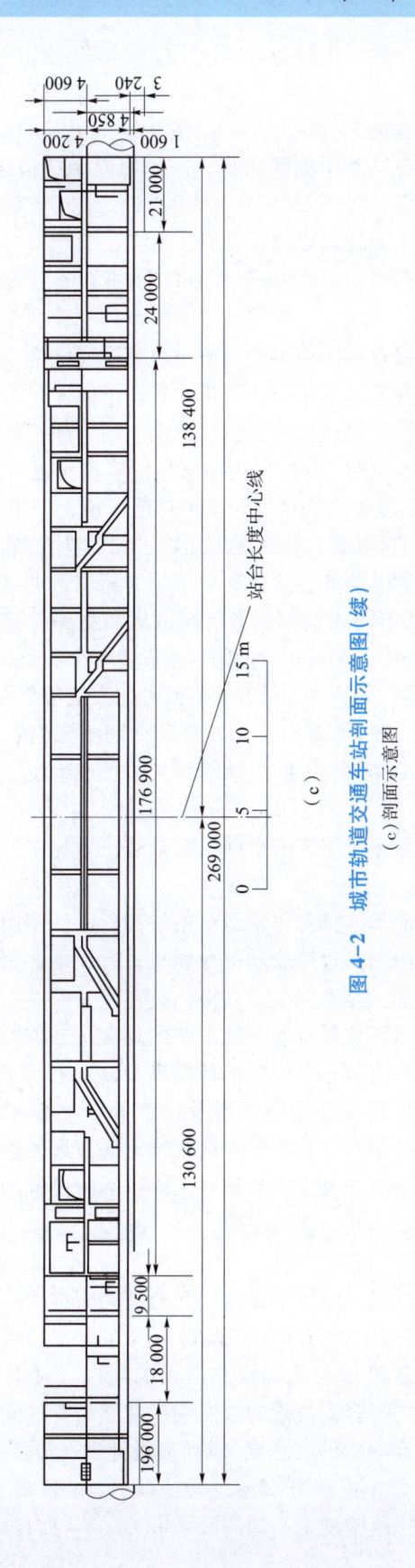

图 4-2 城市轨道交通车站剖面示意图（续）

(c) 剖面示意图

境。车站主体根据功能的不同,可分为乘客使用空间和车站用房两大部分。

1) 乘客使用空间。

乘客使用空间是直接为乘客提供乘降、集散和候车服务的空间,是车站设计的重点。乘客使用空间的设计涉及车站总平面的布局,车站平面和结构横断面的形式及功能布局,客流路线组织等方面的问题。

乘客使用空间可以从不同的角度进行划分。

为了区别乘客的乘车权限,乘客使用空间可分为非付费区和付费区。站厅层的检票闸机以内部分和站台层属于付费区,站厅层检票闸机以外部分及出入口和通道层属于非付费区。非付费区是指无乘车权限的区域,连接城市轨道交通外部系统,以检票闸机为限,乘客通过进站检票闸机之前或通过出站检票闸机之后即进入非付费区。它一般应有一定的空间布置售、检票设施。根据需要还可设银行、公用电话、超市等设施。非付费区的最小面积一般可以参照能容纳高峰小时 5 min 内可能聚集的客流量进行推算。

乘客使用空间可以根据服务环节划分为多种功能区域,如出入口区、售票区、检票区、信息服务区、楼梯区、通道区和候车区(乘降区)等。其中,售票区、检票区、信息服务区、候车区(乘降区)等提供票务、信息和乘车等客运服务的区域称为服务区域,出入口区、楼梯区和通道区等连接不同厅层和服务区域的区域称为连接区域,又可以称为步行空间。为了提高客运服务的能力,车站在合适的位置设置多个各类功能区域,每个功能区域均包含多个成组同类功能设备,如直接为乘客提供服务的人工售票点、自动售票机、信息服务台、进出站检票闸机、候车点(乘降点)和导向系统等服务设备,以及出入口、楼梯、自动扶梯和通道等连接设备(或称步行设备)。多个同类设备成组使用,构成相应的服务区域。

2) 车站用房。

车站用房是车站管理和运行所需的空间。包括运营管理用房、设备用房和辅助用房三部分。

运营管理用房是为保证车站具有正常运营条件和营业秩序而设置的办公用房,由日常工作和管理的部门及人员使用,直接或间接为列车运行和乘客服务,主要包括站长室、行车值班室、广播室、会议室、公安保卫室、清扫员室等。

设备用房是为保证列车正常运行、保证车站内具有良好环境条件及在突发情况下能够及时排除灾情而设置的办公用房,主要包括环控机室、变电所、控制室、通信机械室、信号室、泵房、票务室、工区用房、附属用房及设施等。设备用房是整个车站的心脏所在地,这些用房与乘客无直接联系,一般设在离乘客流线较远的地方。

辅助用房是为保证车站内部工作人员正常工作生活所设置的用房,主要包括厕所、盥洗室、更衣室、休息室、茶水间、储藏室等。

(2) 车站的规模。

车站的规模、站台的形式、站厅平面及层间通道均应按功能、安全、环境三要素进行优化设计,并应满足发生灾害时在 6 min 内疏散一列车乘客和候车、工作人员的要求。车站的规模确定要考虑近期客流量与远期预测需求的规模。对于枢纽地区,要考虑高架车站、地面车站与地下车站之间客流换乘的方便性,并满足各种安全防护要求。根据欧洲的经验,车站设计要考虑"高峰中的高峰",例如,设计中一般要考虑 15 min 最大流量,按照高峰小时流量的 30%计算(正常为 25%);类似地,5 min 最大流量按 15 min 的 40%计算。目前,国内地铁设计规范中规定,超高峰系数为 1.2~1.4。

车站规模直接决定着车站的外形尺寸及整个车站的建筑面积、集散量和设备容量等。城市轨道交通车站的规模主要是根据车站的设计客流量（容量）来确定的。一般可以参照日均客流量和高峰小时客流量来综合确定。

地铁车站规模主要根据车站远期预测客流量及所处位置确定，一般可分为 A 级、B 级和 C 级。

A 级适用于客流量大、地处大型客流集散点以及地理位置十分重要的车站。

B 级适用于客流量较大、地处市中心或较大居住区的车站。

C 级适用于客流量较小、地处郊区的车站。

车站的规模还应根据车站所在位置的重要性，以及城市发展规划等因素综合考虑，寻求最佳方案。

车站的规模主要考虑乘客使用空间和设备空间。乘客使用空间包括站台和通道等设施。设施的几何尺寸应满足远期的高峰时段客流量。

1) 站台长度。站台长度取决于远期运量、列车选型和列车长度。列车长度与列车定员、设计发车间隔等因素相关。车站站台长度可用下式计算：

$$车站站台长度 = 远期列车长度 + 工作距离 \tag{4-4}$$

在该式中，远期列车长度取决于远期列车选型、编组数量和每车长度，远期列车长度 = 远期高峰时段客流量×人均占用车辆面积/（高峰时段开行列车数×列车编组辆数×车辆内部宽度），单位是 m；工作距离为驾驶员车外瞭望、维修工作人员出入，以及其他作业需要空间的最大长度，单位为 m。

2) 站台宽度。城市轨道交通车站的站台宽度要满足最大客流量的要求。最大客流量是指在高峰时段，到达客流和出发客流（到发客流）都在站台聚集的瞬间，乘客在没有离站或上车的情况下的客流量。可用下式计算：

$$站台宽度 = (远期高峰时段最大到发客流同时在站台停留需要的面积 + 设备占用面积)/站台(列车)长度 \tag{4-5}$$

设备占用面积，即车站站台上包括安全屏蔽门、廊柱、步梯、扶梯、直梯、消防设备等占用的空间。

考虑最不利情况。如果是岛式站台，最不利情况就是双方向到发客流同时聚集在站台上的情况。

车站所处位置不同，则客流吸引量、车站规模、站台宽度和布局就不同，但站台长度基本是相同的。

3) 站台高度。车站站台高度即轨道中心线（也可认为是轨顶面）至站台边缘的高度，它取决于列车选型。

车辆地板应该与站台处于同一高度，便于乘客安全出入车辆。由于列车满载和空载时的车下减震弹簧伸长量不同，车辆地板可能与站台不在同一高度。站台高度应考虑以列车平均载重时的地板高度为依据进行设置。

(3) 城市轨道交通地下车站出入口布局。

车站出入口是地面客流与城市轨道车站的衔接处，也是城市轨道管理辖区的分界点，应根据车站规模、埋深、车站平面布置、地形地貌、城市规划、道路、环境条件以及车站远期预测高峰小时客流量综合考虑确定。

1) 出入口数量。车站出入口数量的设置要根据进出站客流的数量及方向确定，一般不少于 4 个，最少不少于 2 个。

2）出入口位置。地下车站出入口的主要作用在于吸引和疏散客流，车站出入口位置最好选择在沿线主要街道的交叉口或广场附近，尽量扩大服务半径，方便乘客。

车站出入口宜设于道路或城市广场的醒目位置，以便吸引客流，方便乘客识别和进出车站，并应设置足够的客流集散空间。在与地面交通衔接的站点，出入口宜设在火车站、公共汽电车站附近，便于乘客换乘，并保证有足够的集散空间。

车站出入口宜分散、均匀布置，出入口之间的距离尽可能大一些，使其能够最大限度地吸引更多的乘客，方便乘客进入车站。

车站出入口宜尽可能地直接连接已建（或待建）建筑物的地下室、地下通道、商场、人行天桥及其他大型公共建筑。这种车站出入口可兼作城市的过街通道，一般宜设在车站的端部，这样的布置不会影响车站的管理，也能减少对站内客流路线的干扰。总体看来，与城市地下通道、天桥结合的车站出入口，对城市建设和线路运营都是有利的。

3）出入口宽度。出入口宽度应保证高峰期客流的顺畅通行。

出入口宽度应按车站远期预测超高峰小时客流量进行计算确定。根据出入口位置、主客流方向及可能产生的突发性客流，应分别乘以 1.1～1.25 的不均匀系数。车站出入口宽度的总和，应大于该站远期预测超高峰小时客流量所需的总宽度。出入口的最小宽度不应小于 2.5 m。兼作城市地下人行过街通道的车站出入口，其宽度应根据城市过街客流量予以加宽。车站出入口地面与站厅地面高度相差较大时，宜设置自动扶梯。出入口宽度计算公式为：

$$出入口宽度 = (高峰期客流量 \times 人均面积)/平均步行速度 \qquad (4-6)$$

自动扶梯则须考虑人均站立面积与扶梯踏步运行线速度、设备宽度等。

4）设施便利性。车站出入口除了有步梯外，还应该有自动扶梯和方便老弱病残乘客的直梯等；出入口标志一定要醒目；出入口可以是独立建筑，也可以与地面其他建筑物合建。

（4）城市轨道交通车站站房空间与布局。

为保证生产过程（客运服务）顺利进行，城市轨道交通车站需要设计和布置以下种类的空间。

1）保证乘客通行的空间，包括列车经过的隧道、列车本身、屏蔽门、站台、步梯、电梯、出入口等。其中，屏蔽门与列车型号相关，其数量、开度应与列车车门相等；步梯或自动扶梯等的数量、宽度与乘客数量相关，即它们的运输能力需要与远期高峰时段客流量相匹配。

2）行车管理用房。为车站值班员、信号员等设置的工作空间，需要便于监控列车的运行状态和站内外乘客的集聚状态，其空间大小需要满足设备安装和工作人员数量的要求，即可以根据设备与人员数量，乘以一定的比例系数来确定。

3）服务用房。为方便乘客出行，车站除了需要设置正常的站台候车空间外，还需要设置应急保障、母婴候车、卫生间等房间，以及拓展多种经营服务的用房，如开设便利店、配置娱乐设施等。

4）生产所需设备间。例如，牵引供电、照明供电设备所需的空间；给排水设备所需的空间，以便解决站内供水、污水、雨水及渗水等问题；环控设备所需的空间，以便为乘客提供新鲜的空气和舒适的温度，并需加装调温、调湿、调清洁度等设备。

工作（设备）用房的空间布局需考虑如下因素。

1）要便于将设备搬入、进行安装和后期维修。
2）室内空间大小要满足工作人员的操作需求。
3）为工作人员提供舒适的环境，考虑其生理需求、心理需求及人文需求等因素。
4）考虑生产的实际需要，值班室应靠近乘客空间。
5）不同空间之间的布局要紧凑，以节省资源。

4.3.3 折返站与换乘站设计

（1）城市轨道交通折返站位置。

城市轨道交通列车在运行线路内可全程或半程往复运行。为便于列车调转运行方向需设置必要的设备，而首站和末站必须设置折返设备。当全程客流差异较大时，可以考虑在中途站也设置折返设备，以便开行区间车。

影响折返形式选择的因素有折返作业能力、乘客使用的便利性、与存车作业合用条件的需要、工程造价、线路远期发展趋势和预留条件的需要等。

折返作业能力应与区间通行能力相协调，以保证全线列车顺畅运行。不能因折返作业能力低下而降低线路运输能力。

折返形式主要有以下两种。

1）站前折返。站前折返是指列车在中间站、终点站利用站前渡线进行折返作业的折返方式。

行车密度大时，车站接发车作业与折返作业不能同时进行，因两者之间存在进路交叉，会影响行车的安全性。此外，由于进路产生变化，站前折返容易导致乘客的方向感产生混乱。站前折返作业过程如图 4-3 所示。

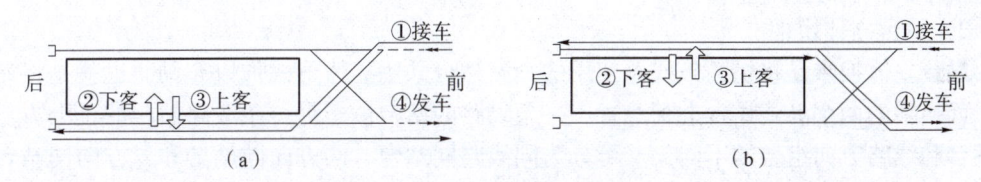

图 4-3 站前折返作业过程

2）站后折返。站后折返是指列车在中间站、终点站利用站后折返线进行折返作业的折返方式。站后折返可以避免站前折返的弊端，但需要建设折返线路，建设成本增大。站后折返作业过程如图 4-4 所示。

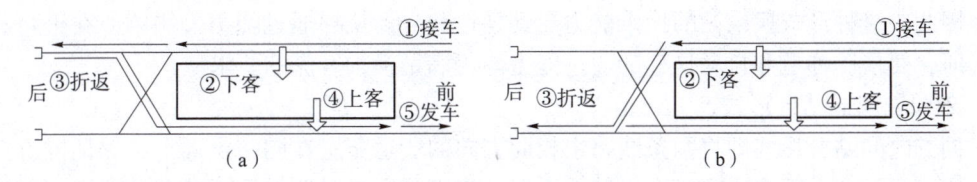

图 4-4 站后折返作业过程

（2）换乘站设计。

乘客可通过通道、楼梯、扶梯或站厅实现不同线路的换乘。换乘站设计的主要原则如下。

1）尽量缩短换乘距离，做到线路明确、简捷，方便乘客换乘。

2) 尽量减少换乘高差，避免高度损失。
3) 换乘客流宜与进出站客流分开，避免相互交叉干扰。
4) 换乘设施的设置应满足换乘客流量需要，且留有改、扩建余地。
5) 应周密考虑换乘方式和换乘站的形式，合理确定换乘通道及预留口位置。
6) 换乘通道长度不宜超过 100 m，否则应设置自动步行道。
7) 应尽可能节省修建成本。

换乘站的形式与换乘方式关系密切。换乘方式分为站台直接换乘、站厅换乘、通道换乘、站外换乘四种基本方式以及组合换乘方式。

站台直接换乘指两条线路的乘客不经过站厅或出站，而直接通过站台进行换乘。根据两线站台的设置方式，站台直接换乘可分为站台同平面换乘、站台立体换乘和交叉节点站台换乘。

1) 站台同平面换乘。

站台同平面换乘一般适用于具有两条或多条平行线路且采用岛式站台的车站。乘客换乘时，由岛式站台的一侧下车，到站台另一侧上车，换乘极为方便。但这种换乘方式要求两条线路具有足够长的重合段，在一条线路的建设过程中需要将车站预留线及区间交叉预留处理好，这难免会造成工程量大、线路交叉复杂、施工难度大。因此，这种车站大多需要较大的工程投资规模和极好的线路间协调施工能力，比较适合于用地资源较好、建设期相近或同步建设的两条线路的换乘站建设。

根据站台和线路布置形式的不同，站台同平面换乘大多采用双线双岛式站台和双线岛侧式站台。站台同平面换乘最多只能实现两对四方向的同站台换乘，而其他换乘方向需采用其他方式换乘。

2) 站台立体换乘。

站台立体换乘是将供两条线路使用的车站站台采用立体形式加以布局，也就是将站台同平面换乘的两个岛式站台上下叠置，一条线路的站台位于另一条线路站台的正上方。根据站台和线路方向组合的不同，又可分为同线路同站台、同方向同站台和异方向同站台三种形式。

① 同线路同站台形式。

同线路同站台形式即将一条线路的两个股道设置在另一条线路的两个股道上方，而两个相同方向的股道位于同一竖直平面内。

所有方向之间的客流均需要通过设置在上下岛式站台之间的梯道或自动扶梯实现换乘，因此，这种形式换乘站的换乘能力受到梯道和自动扶梯通过能力的制约，在进行具体设计时，要检验梯道和自动扶梯的通过能力能否满足换乘客流的要求。

② 同方向同站台形式。

同方向同站台形式即将两条线路中相同方向的股道布置在同一层面上，保证同方向客流在同一个站台平面内实现换乘，其他方向的客流需通过设置在上下岛式站台之间的梯道或自动扶梯实现换乘。这种形式适用于同方向换乘客流较大而折角换乘客流较小的情况。

③ 异方向同站台形式。

异方向同站台形式即将两条线路中不同方向的股道布置在同一层面上，保证不同方向的客流在同一个站台平面内实现换乘，相同方向的客流需通过设置在上下岛式站台之间的梯道或自动扶梯实现换乘。这种形式适用于折角换乘客流较大而同方向换乘客流较小的情况。

由于同方向同站台和异方向同站台两种换乘形式需要将一条线路的两股道分别引入高低不同的两个水平面，以及在车站线路交叉的一端上立体布置四条离站的股道，因此，规划设计和施工都相当困难。但是如果相邻两车站分别采用这两种换乘形式，那么可以形成所有方向之间的客流均可以在同一站台平面内实现换乘的全方位组合，这种形式比较有代表性的是香港太子和旺角换乘站。这两个换乘站是地铁荃湾线和观塘线上的两个连续车站，都是按两层结构进行设计和建造的，在此基础上，通过观塘线两股道在站间的交叉换位，形成同方向同站台和异方向同站台两种换乘形式的组合，做到了所有方向的换乘均在同站台平面内实现。

3）交叉节点站台换乘。

交叉节点站台换乘是指在两条城市轨道交通线路的交叉处，将两线隧道重叠部分的结构做成整体的节点，并采用楼梯或自动扶梯连接两座车站的上下站台，从而实现节点换乘。采用这种换乘方式，任一方向乘客只需上下楼梯或使用自动扶梯一次，便能换乘到另一条线路。

依据两线车站不同的交叉位置，交叉节点站台换乘可以分为十字形、L形、T形三种布置形式。节点换乘设计要避免进出站客流与换乘客流的交叉。交叉节点站台换乘方式多用于两线之间的换乘，三线或三线以上的换乘其枢纽布置和建筑结构会变得相当复杂，必须与其他换乘方式组合应用。

交叉节点站台换乘方式的车站结构要求一次性建设完成，由于预留线路的限界净空及线路位置受限，因此必须对预留线路进行充分的研究和设计，避免不合理的预留安排。

4.3.4 车辆段设计

（1）车辆段设计流程。

1）做好需求分析与预测。车辆段设计需要根据线路的远期列车保有量、检修率、日常停放管理等因素，计算出存车需要量、检测维修工作量等，并进一步计算出存车场线路长度、检修线路长度、咽喉区进出交通流量，以确定各部分设施的能力配置。

2）交通设施设计。根据需求分析得出各种设备的需要量数据，结合场地空间特征，选择车辆段布局形式，进而完成轨道空间位置设计、信号与通信设备设计、供电设备设计等。

3）建筑设计。在满足交通需求的基础上，进行建筑空间布局与美学设计、建筑空间结构设计、通风与给排水设计等。

（2）车辆段设计原则。

1）收发车顺畅。车辆段是日常列车营运的起始与终止场所，其设计要根据线路特点保证列车出入的顺畅，满足远期列车流量对咽喉区通过能力的要求。

2）停车检修分区合理。遇到部分线路较长的情况时，车辆段与停车场的设计还需要考虑位置分布，以保证运营组织与管理的方便性。

3）用地布置紧凑。城市轨道交通系统大都设置在城市区域，土地资源稀缺、价格昂贵，尽管车辆段大多设置在郊区，但车辆段（包括存车场）的设计仍要紧凑，以降低建设成本。

4）充分利用地形特点，减少填挖方等的工程量。

5）停放安全，避免存在溜车等安全隐患。

6）保证包括雨水、污水在内的排水顺畅。

7）可考虑多线路共用一个车辆段，为调度调整创造有利条件。

（3）车辆段平面布局形式选择。

按线路布局的结构形式不同，车辆段分为尽端式和贯通式。尽端式又称束型布置，占地相对较少，仅在一端出入车辆，缺点是高峰期车辆出入不够便捷。贯通式则两端都能进出车辆，使用方便灵活、效率高，缺点是占地面积大。选择车辆段的布局形式，应根据远期列车的出入量、检修量、咽喉区条件和地形条件等诸多因素综合加以考量。

4.3.5 附属设施设计

（1）城市轨道交通地下车站附属设施——环控设施。

由于地铁乘客数量多，因此不仅氧气需要量大，而且产生的大量二氧化碳也需要及时排出。同时，由于地下空间狭小，空气流通不畅，设备运行过程中还会产生大量热量，再加上地下环境湿度大，因此需要将地下空间内的空气与地面空气进行交换。

地铁列车在地下隧道中的运行会产生"活塞"效应。利用这种"活塞"效应，可在地下车站或区间的适当位置建设风道，利用列车的运动在其前部产生"压"效应，把污浊空气压出至地面；在其尾部产生"拉"效应，将新鲜洁净空气引入地下空间。与此同时，辅以适当的动力系统，可实现低成本的新风系统。图4-5为地铁新风系统的剖面示意图。

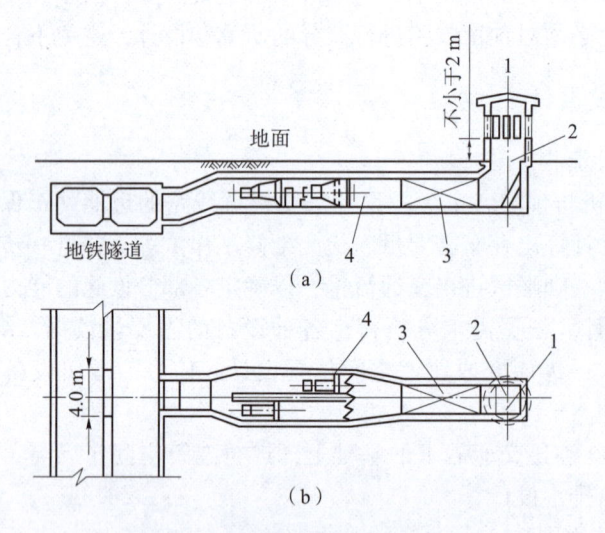

图4-5 地铁新风系统的剖面示意图

(a) 竖向剖面；(b) 水平剖面

1—地面风井；2—除尘装置；3—风道；4—风机

在满足车站有效的通风条件、通风面积和风路畅通要求的同时，还要保证送风风亭所处的位置以及空气的清新程度达到环控专业的要求。同时，排风风亭也要有足够的排风空间。地铁新风系统应尽可能满足下列要求。

1）活塞风风道长度不大于25 m，机械风风道长度控制在40 m以内。

2）风亭上风口下檐距地面净高不小于2 m，送、排风口净距不小于5 m。

3）由于风亭尺寸较大，美化处理有一定难度。所以风亭应尽可能与地面建筑合建，不能合建的也应尽可能设在次要道路或隐蔽处。当必须独立建在道路旁时，风亭的建筑处理也应与周围城市景观相协调。

4）出于安全考虑，为防止雨水、灰砂、杂物等被风吹入通风道内，地面风亭应设计有盖墙体和风口。风口外面应设金属百叶窗，通风口距地面的高度不宜小于 2 m。

5）风亭宜设置于道路红线以外，对外界环境污染不超标、不影响交通、对附近居民不造成直接污染、开阔且空气流通的地方。

6）风亭通风口距邻近建筑物门窗净距宜不小于 6 m。若风亭底部有机电设备，则应满足噪声标准要求，并应有良好的排水条件。

（2）城市轨道交通地下车站附属设施——排水设施。

城市轨道交通地下车站的排水系统主要由 6 类泵站组成：①车站废水排水泵站；②污水排水泵站；③出入口排水泵站；④地下结构渗漏水和车站风井排水泵站；⑤区间排水泵站；⑥电缆层排水泵站。其主要功能是将在地下产生的水提升并排出到城市雨污管网中。

城市轨道交通地下车站排水系统的任务是将建筑内生活、生产的污废水收集并排放到室外的雨水、污水管道系统。根据接纳的污、废水类型，排水系统可分为三大类：①生活、生产污废水排水系统；②工业废水排水系统；③雨水排水系统。在以上三类系统中，污废水如果分别单独排放，则称为分流制排水系统，否则便称为合流制排水系统。在确定建筑内部的排水系统时，应充分考虑资源的利用、污废水的性质和污染程度。城市轨道交通建筑内排水一般采用分流制。在城市轨道交通地下车站一般不存在工业废水，仅在车辆厂有少量的工业废水。

泵站设有就地电器控制箱和液体浮球，能根据集水池水位情况自动排水，当水位较高时两台排水泵均自动排水。一般集水池内设有停泵浮球、第一开泵水位浮球、第二开泵水位（高水位）浮球和低水位浮球、高水位报警浮球共 5 个点位。车控室计算机显示水泵运行情况，包括开泵、停泵、运行时间、低水位报警、高水位报警等。

（3）城市轨道交通文化——地下车站的装饰。

地下车站"永无天日""与世隔绝"，完全采用人工采光、人工装修。让乘客与现实社会相连通，让人在地下空间中不感到乏味、单调，体现城市的文化和特色是地下车站装饰的目的。

解决地下空间"压抑"的办法有以下几种。

1）装饰，即以文字、美术、壁画、雕塑等具有艺术性特质的产品点缀乘客和工作人员目光所及之处，使人们能够受到艺术的熏陶。

2）软文化，将当地的民间故事、传说、风土人情等内容，转化为空间装饰或艺术小品，布置在车站或区间隧道内，使乘客能够感受并理解城市文化。

3）站车信息化，通过广告、新闻、娱乐等音像传媒，使乘客体验声音的温润与图像的美轮美奂，从而忽略地下空间的隔离和压抑之感。

4）多种经营服务，在地下空间开发便利店、电影院等服务设施，使乘客能够享受周到的服务，逐步适应和习惯地下空间的生活。

4.4 其他场站设计

4.4.1 出租汽车营业站

在火车站、客运码头、机场、公路客运站等对外交通枢纽，以及医院、大型宾馆、商业中心、文化娱乐和游览活动中心、大型居住区及市内交通枢纽等地方应设置出租汽车营业站或候客点、停靠点，并应根据出租车运营方式、乘客流量确定用地规模。

出租汽车营业站应符合下列规定：

（1）出租汽车营业站应配套相应的服务设施，包括营业室、驾驶员休息室、餐饮间、卫生间等。

（2）出租汽车营业站用地宜按每辆车占地不小于 32 m^2 计算，其中，营业站建筑用地不宜小于每辆车 6 m^2，停车场用地不宜小于每辆车 26 m^2。

（3）出租汽车营业站的建筑式样、色彩、风格应具有出租汽车行业特点。

当出租汽车采用营业网点式服务时，营业站的服务半径不宜大于 1 km，用地面积宜为 250～500 m^2。

当出租汽车采用路抛制候客服务时，应在商业繁华地区、对外交通枢纽和人流活动频繁的集散地附近设置候客点。候客点应符合下列规定：

（1）候客点宜设置在具备条件的道路两侧或街头巷尾。

（2）候客点应划定车位，竖立候客标牌。

（3）候客点单向距离不宜大于 500 m，每个候客点车位设置不宜少于 5 个。

出租汽车停靠点应符合下列规定：

（1）在城市主要干道人流集中路段应设置出租汽车停靠点。

（2）停靠点间距宜控制在 1 km 以内。

（3）每个停靠点宜设置 2～4 个车位。

4.4.2 招呼站

招呼站是指在公路与城市道路沿线，为客运车辆设立的旅客上落点。招呼站不具备等级车站和便捷车站的标准配置设施，只设有等候标志和候车设施。

一般来说，在两个距离较远的公交站之间才会设立招呼站，其目的是方便在这两个车站之间要下车的乘客。此外，招呼站并不是固定停车上下客的站点，下车需要提前跟驾驶员联系，上车要招手。

招呼站的设计参见一般公共汽车中途站设计，可根据需要设置公交站牌、候车亭、标志和标线等基础交通设施。

知识小结

学习本章后，应该掌握城市公共交通场站设计的基本要求，能够了解城市公共交通场站的布设原则，掌握公共汽车场站、城市轨道交通车站的设施组成及设计要点。

通过学习城市公共交通车站设计，会发现城市公共交通与人们的日常生活息息相关，这就需要交通工程师设计出以人为本的公交设施，为人们提供安全、便捷、绿色的交通环境。

> **思考题与练习题**
>
> （1）哪些因素会影响城市公共交通场站设计？
> （2）公共汽车场站设计中需要考虑的因素有哪些？
> （3）公共汽车场站设计中如何做好规模指标控制？
> （4）如何将城市轨道交通车站设计与周边用地及建筑相结合？
> （5）未来公共汽车场站中应加入哪些要素以满足市民出行需要？

> **综合性设计作业**
>
> 选取某种小型公共交通场站作为设计对象，比如，公共汽车中途站、首末站或索道站等，进行场站的平面、纵断面设计，写出设计说明书，画出图纸。
> 具体要求如下。
> （1）分析地形条件和建设的可行性。
> （2）讨论既有交通（如果有）存在的问题。
> （3）合理预测场站的交通量。
> （4）分析场站各组成部分的设施需求，进行需求量计算。
> （5）规划场站各组成部分的布局，研究内部、外部交通流线的合理性。
> （6）结合建筑规范要求，完成场站的平面与纵断面规划设计，绘制图纸。
> （7）将上述分析和计算过程汇总，撰写设计说明书。

第5章 城市公共交通线路设计

学习目标

（1）本章是交通工程专业学生学习的重点任务之一，学生需要明确城市公共交通的历史、现状和发展趋势。

（2）了解城市公共交通线路的组成形式与结构，掌握线路设计原理。

（3）能分析城市公共交通线路需求，进行线路规模设计，完成平、纵、横选线设计，确保载运工具的顺畅运行。

本章的学习重点与考核权重如表5-1所示。

表5-1 学习重点与考核权重

能力目标	知识要点	权重
了解城市公共交通线路历史、现状与发展趋势	城市公共交通线路的发展历程与未来趋势	0.1
能够进行城市公共交通线路的需求分析	掌握每个方向上的场站、区间客流的特征并进行需求预测 确定场站及区间位置的能力	0.4
能够进行城市公共交通线路的空间设计	线路平面设计 线路纵断面设计 线路横断面设计	0.5

引 例

（1）第二届联合国全球可持续交通大会于2021年10月14—16日在中国北京召开。本次大会的主题为"可持续的交通，可持续的发展"，聚焦可持续交通与减贫脱贫、民生、国际互联互通合作、绿色发展、区域发展、创新发展、安全发展、可持续城市、政府治理等9项议题，同时适当增加保障国际交通运输畅通对促进全球经济复苏的重要作用方面的内容。

（2）2024 年 8 月 19 日，国务院第 39 次常务会议通过《城市公共交通条例》（以下简称《条例》）。《条例》进一步明确了城市公共交通工作应当坚持中国共产党的领导，坚持以人民为中心，坚持城市公共交通公益属性，落实城市公共交通优先发展战略，构建安全、便捷、高效、绿色、经济的城市公共交通体系。《条例》指出，城市人民政府应当根据城市功能定位、规模、空间布局、发展目标、公众出行需求等实际情况和特点，与城市土地和空间使用相协调，统筹各种交通方式，科学确定城市公共交通发展目标和发展模式，推动提升城市公共交通在机动化出行中的分担比例。《条例》还在发展保障、运营服务、法律责任等方面做了相应规定。

5.1 概述

5.1.1 线路分类与线网布局

（1）城市道路网与公共汽车线路。

城市道路网为城市公共汽车、出租汽车、公共自行车等提供运行条件。车辆（载运工具）运行在既有道路上，须遵守城市道路交通法规。

公共汽车线路（网）是根据需求，规划公共汽车在城市道路上的固定站点之间，按照规定的时刻表运行，为社会公众提供出行服务的线路。一条公共交通线路需要具备首末站、中途站、线路经由、车辆、行车时刻表等要素。多条线路互相衔接、交织在一起，实现乘客便利换乘的同时，构成公共交通线网。公共交通线网是指由一个城市内所有公共交通线路构成的网络。

城市公共汽车的运行线路必须满足如下条件。

1）选定适当的车型，编制、确定行车时刻表。

2）道路平面曲线能够允许公共汽车安全转弯。

3）纵断面坡度与竖曲线能够保证公共汽车的通过。

4）驾驶员视野足够宽阔，能够保证公共汽车安全行驶。

5）公交停靠站能够保证公共汽车停靠以及乘客上下车与候车有足够的空间；首末站具备公共汽车调头条件；换乘站有便利乘客的换乘通道和候车空间。

6）存车场能够保证公共汽车夜间收车存放和平峰时刻调剂车辆存放的空间。

7）应尽量减少社会交通对公共汽车运行的干扰。

（2）专用路网设计要求。

公共交通专用路网为城市轨道交通、轮渡、索道、专用运人系统等提供运行条件。载运工具在专用的设施上运行，与城市道路交通不相干扰，即实现"路权专用"，可以保证专用路网系统的效率与安全。在专用路网的设计中，应分别考虑下列要求。

1）城市轨道交通线路设计要求。

①城市市政空间能够满足城市轨道交通线路的建设条件。

②线路标准、平纵横条件满足所选车辆的运行条件。

③考虑车辆段、存车线等城市轨道交通组成部分的空间建设条件。

75

④设计通行能力能够满足客流需求。
2）轮渡交通线路设计要求。
①水运航道宽度、深度满足船舶运行要求。
②泊位数量满足系统通过能力要求。
③回转水域面积满足船舶转头要求。
④助航系统完备。
⑤接续城市道路交通便利，停车场宽阔。
3）索道（缆车）交通线路设计要求。
①索道站基础稳固。
②缆车经由路径开阔。
③接续城市道路交通便利，停车场宽阔。
(3) 不同城市公共交通线路的重要区别。
1）乘客运输能力。
乘客运输能力是指在一定的设备条件和组织方式条件下，单位时间运送乘客通过某一区间的总量。不同的运输能力，构成了运输网络的层次性。
2）适应条件。
①不同城市公共交通线路对自然条件的适应程度不同，即公交系统的建设条件不同。
②不同城市公共交通线路适应客流突变的能力不同，即公交系统的弹性不同。
3）与其他方式的衔接。
①不同城市公共交通系统之间衔接的空间可行性不同。
②衔接形成的便利程度不同。

5.1.2 影响公共交通线路设计的因素

(1) 客流需求。
1）客流的数量基本稳定。一定的客流规模是确保公共交通企业盈利和可持续发展的基础。根据客流量大小，可分别采用地铁、轻轨、公共汽车等运输形式。
2）客流方向基本稳定。一般情况下，客流总量是双向对称的，但是由于城市土地利用情况不同、居住区与工作区等距离较远、人们出行的时间与目的不同等因素，导致客流在不同时段是不对称、不相等的，甚至出现客流的"潮汐现象"。
3）客流波动规律可预测。有规律的客流是公共交通企业保持稳定的生产节奏的基础。突发客流可能打乱企业的生产计划，造成运力调整不及时。
4）乘客有能力支付乘车费用。
(2) 线路建设的自然条件。
1）在城市普通道路上，道路宽度、坡度、转弯半径等条件对通行公共汽电车有约束。特别是大型公共汽车、铰接车容易在小型交叉口、小半径曲线处受限；BRT车辆的运行需要对城市道路进行一定的改造。
2）现有的交通组成对城市公共交通存在影响，开设公交线路可能存在困难，需要对某些种类的道路采取车辆限行等管理措施。
3）地质构造和既有城区构筑物对城市轨道交通的建设方式构成约束。
4）跨越江河的线路，可能需要在建设桥梁后再通行公共汽车、城市轨道交通等；或者需要采用轮渡、缆车、地铁等形式。

（3）线路建设技术条件。

线路建设技术条件一般是指专用线路建设或通用线路建设中的关键性技术，如先进桥梁建设设备、大型隧道挖掘设备、跨江隧道防水措施、车辆运行自动控制系统、车路协同系统、远程调度指挥系统等，这些关键技术可能制约线路的设计、施工或运营管理。

（4）经济条件。

1）一个城市有能力对公共交通建设进行投资，能够负担公共交通系统的建设费用。

2）公共交通企业通过扩大经营范围，增加收入，能够支付开辟新线路的投资。

3）乘客能够支付乘车费用，其关键因素是票价的制定。城市公共交通线路的票价是针对居民使用公共交通方式出行的长期选择而制定的，因此需要确保居民能够负担出行费用且费用的确定具有合理性。

（5）政策条件。

1）国家对区域政治经济发展的要求，如支持公共交通事业发展。

2）鼓励高新技术在公共交通领域的应用。

3）城市发展遵循可持续发展理念。

4）政府有相应的补贴政策。

5.2　公共汽车交通线路设计

5.2.1　公共汽车交通线路设计的基本原则、流程、内容与要求

（1）线路设计的基本原则。

1）满足乘客出行的需要。满足城市居民的总体出行需求，使乘客总体的出行时间最少，乘客个体的等待时间不超标。

2）符合城市的既有道路网条件。协调单条公共交通线路与整体线网的关系，使线路重复系数小、分布均衡，线路非直线性系数合理。

3）经济节约的原则。线路建设费用低，运营费用低。

（2）线路设计流程。

思路1：根据城市土地利用规划，运用四阶段法等规划方法，依次形成城市轨道交通路网、公共汽车线网等，一般新建的城市可以采用此方法。

思路2：现有城市道路网上已经布设了公共交通线网，但随着城市的不断发展、土地利用情况的相应调整、人口的不断增加、城区范围的扩大，现有公共交通线网已经不能满足需求，需要对既有路网进行调整、扩充和完善，如调整线路经由、延长线路、增加公交车线路、修建地铁等。

（3）线路设计内容。

1）新建城市公共交通系统，如修建地铁、轻轨、BRT、客运索道等，包括需求分析与客流预测、线路设计与载运工具匹配、运营管理系统设计等。

2）在城市的既有路网中增加公共汽车等客运线路，包括开设新客运线路、延长线路等。

3）提高现有客运系统的技术装备水平与管理水平，增加线路的客运能力，包括改进

控制设备、增加线路（车队）的车辆数、增加区域内出租车的保有量、更新收（计）费设备、运行高品质车辆、强化调度技术与通信等。

（4）公共交通线路网设计要求。

对城市公共交通线路网应进行综合规划。市区线、近郊线和远郊线应紧密衔接。各线的客运能力应与客流量相匹配。线路的走向应与客流的主流向一致；主要客流的集散点应设置包括不同交通方式的换乘枢纽，方便乘客上下车与换乘。

在市中心区规划的公共交通线路网的密度应达到 $3 \sim 4 \ km/km^2$；在城市边缘地区应达到 $2 \sim 2.5 \ km/km^2$。

大城市乘客平均换乘系数不应大于 1.5；中、小城市不应大于 1.3。

公共交通线路非直线系数不应大于 1.4。

市区公共汽车与电车主要线路的长度宜为 $8 \sim 12 \ km$；快速城市轨道交通的线路长度不宜大于 40 min 的行程。

5.2.2　一条公共汽车线路的开设

（1）公共汽车线路的开设与城市轨道交通等公共交通线路开设的不同包括以下几个方面。

1）公共汽车线路的开设，最主要的是进行运输组织方案的设计，即考虑线路的经由。

2）公共汽车运行在城市道路上，除了需要对一些特设的限制地段做局部改造，一般不需要特殊建设。

3）公共汽车与社会车辆混行，受其干扰，运行速度不稳定。

4）公共汽车可以越行本线其他公共汽车。

5）公共汽车遵守城市道路交叉口信号。

（2）开设一条公共汽车线路的流程包括如下步骤及环节。

1）客流调查：调查拟开设线路沿线客流的流量、流向、流时、类型等。

2）拟定初步开行方案：包括首末站位置、经由车站、行车时刻表。

3）线路勘察：查询城市道路交叉口、信号、净空、曲线、坡度等对车辆运行的限制，以便进行相应的道路改造。

4）车辆准备：考虑所需车辆的定员、性能、数量等指标，选择拟用车辆的型号。

5）司乘人员培训：包括员工的配备与教育，使其熟悉线路、车辆、行车时刻表、注意事项等。

6）线路试运行：试运行期间可根据现场调研、乘客的意见反馈等资料，调整线路经由、站位、车辆发车间隔等。

7）正式定线运行。

（3）开设一条公共汽车线路的原则及标准。

1）沿主要客流方向开线，满足主要客流的需求。开行公交线路，并不是要用一条公交线路解决全部出行需求，而是需要剔除某些少量需求，以避免线路绕行过远。

2）线路平均客流不低于最低开线标准，以满足盈利条件。线路收入包括客票、广告、服务、政府补贴等。线路支出包括员工工资、车辆折旧、油料、维修保养、保险等。开线的标准应是收入不少于支出。公共交通企业具有一定程度的公益性，盈利不是主要目的，在一定的政策条件下，特定线路可以不盈利运行，靠其他线路的盈利来支撑。

3）平均满载率应尽可能高。

4）线路的长度应在规定的合理范围内，一般是乘客平均乘距的 1.5~2.0 倍。

乘客的平均乘距即平均每位乘客乘行的距离。线路过长，则车辆的周转时间长；线路过短，则过多的乘客不能一次到达，需要转乘。

5）线路的非直线系数应在规定的合理范围内，一般应小于 1.3，其计算方法为：

$$非直线系数=线路实际长度/首末站间直线距离$$

6）优先大流量的直达客流。

为了降低线路网的平均换乘系数，在设立公交线路时，应该优先大流量的直达客流。所设的线路要尽可能和最大的客流方向一致。

7）避免线网密度过大。

在线网密度方面，建议结合建设部（2008 年已改为"住宅房和城乡建设部"）标准"在市中心区规划的公共交通线路网的密度，应达到 $3~4 \text{ km/km}^2$；在城市边缘地区应达到 $2~2.5 \text{ km/km}^2$"。

8）避免线路重复。

在线路重复系数方面，目前国内外较为成熟的系数定为 1.2~1.5。建议公交线路重复系数定为 1.8~2.5。

5.2.3 快速公交线路设计

（1）建立快速公交线网的必要性。

城市交通问题是世界各大城市在发展过程中普遍存在的问题。改善交通状况一方面是要调整交通流分布，另一方面是要优化出行方式结构。

人们的出行距离不断增加，对出行速度的要求也在提高。建立快速公交线网有利于改善公交车辆的行驶条件和线网结构。建立快速公共汽车系统，实行公交优先，有助于人们在交通意识上达到现代化水平。

（2）建立快速公交线网的可行性。

社会各界普遍认同优先发展公共交通可以有效缓解城市交通拥挤的状况。公交快线需要保证普线与快线均不亏损或总体盈利。

近些年来，道路网系统的不断完善为发展快速公交线路提供了可行条件。车辆性能的改进、车型的更替及调度系统的现代化也为快速公交线网的建立奠定了良好的基础。

（3）建立快速公交线网的基本思路。

1）考察客流分布现状，并考虑未来城市功能布局的变化趋势，掌握现在与未来的主要客流方向。

2）根据骨干客流和主要客流方向确定优先车道网，在这个车道网上应实行必要的快速公共交通优先。

3）快速公交线网的布设要与主要客流方向相吻合。

4）在快速公交线路的交汇处，应设置公共交通枢纽站；在城市道路入口处应考虑设置驻车换乘系统。

5）根据土地使用、客流情况及工程进度分步推进快速公交线网的建设，实施优先车道网、线路网方案。

（4）快速公交线网的设计原则。

1）快速公交线网应具有一定的规模。对城市整体而言，一两条快速线路是难以发挥作用的，必须形成网络才能实现规模效应，即快速公交线路应占公交线路总数的10%左右，乘客人次占总人次的25%左右。比如，北京市线路网密度近期保持在0.9 km/km²左右，中期预设为1.3 km/km²以上，覆盖的中心区道路长度应在350 km左右。

2）线路衔接良好，乘客换乘便利。在快速公交线路运行以后，乘客的步行时间占其总出行时间的比例将上升，对其他方面的影响也日趋明显。比如，如果线网衔接不良、换乘不便，虽然车辆的行驶速度提高了，但是由于乘客的换乘时间与距离的增加，快速公交线路网的作用也难以发挥。

要考虑快速公交线路之间、快速公交线路与普通公交线路之间的换乘问题，并较好地予以解决。一般而言，乘客通过公交快速线网出行，其平均步行换乘时间应小于4 min。

3）每个车站运行的线路，应与车道、车站、车辆配置相协调。

4）系统的客运能力设计应满足规划阶段预测的单方向高峰小时最大断面的客流量需求。

5）提高系统直达性，减少乘客换乘次数，节省乘客换乘时间。

6）有利于减少系统运营成本，提高运输效率。

（5）快速公交线路规划设计如下。

1）按照单程时间以不超过1 h为宜的标准，每条快速公交线路的长度不宜大于25 km，适宜长度为10~25 km。

2）线路站距不宜小于500 m。

3）线路近期和远期配备的营运车辆数应分别根据预测的近期和远期客流量、车辆定员数和发车间隔、营运时间、线路长度等确定。

4）根据客流需求和用地性质提供站站停、大站快线、有限停车服务。

5）根据走廊客流需求配置线路服务计划，重点集中在大客流需求区间。

6）相同方向或相近目的地的线路应设置在同一子站内，提供不同线路的选择方案。

7）快速公交系统与多种交通方式和客流吸引点之间的接驳便利。

（6）对快速公交线配套工程的改进。

解决路口优先通行，减少路口延误的方法主要有以下4种。

1）结合灯控区域优化（面控），对区内的公交车辆实行优先通行。

2）若公交线路方向少于交会的道路方向，采用公交优先的信号控制模式。

3）在直行车道中画出一条直行公交专用道，其长度应与渠化长度相同。

4）允许直行公交车使用右转车道，此种方法简便易行，可在右转车不满流的车道实行，但在安装了分车道信号灯的路口应作技术处理。

（7）提高系统的运营组织和管理水平。

对于快速公交系统，如继续沿用以前的分散调度管理方式，将难以发挥其集约效应。因此，应运用智能交通技术，采用集中区域调度的方式，其中包括运输计划的协调和运力的集中调配，运行监控系统和通信系统的实时调度和快速反应。同时，应建立救援系统，及时排除故障和险情，保证快速公交线网的安全、稳定、高效运行。

5.2.4 接运公交线路设计

（1）由于城市轨道交通、BRT、轮渡等干线交通方式的站距较大，乘客的步行距离较远，需要有灵活的、便利的交通方式与其衔接，此类交通方式称为接运。接运一般以公共汽车、自行车为主，辅以出租车、网约车以及远郊支线公交等。接运使干线交通功能得以强化，通过换乘使乘客实现"通达"。

(2) 接运系统设计的基本原则。

1) 便利乘客的换乘。

2) 不妨碍相邻道路和交叉口的车辆通行。

3) 保证系统的接续能力。

(3) 接运公交线路。

接运公交是指接运以城市轨道交通、BRT、轮渡等为交通干线的乘客，为城市轨道交通、BRT、轮渡等系统的客流提供接续服务。接运公交系统的服务范围可进一步扩大。接运公交一般采用小型公交车辆，其客运形式大多被称为"微公交"。在我国，自行车使用较为普遍的城市也可考虑以自行车作为接运形式。

1) 接运公交线路的形式。

按照接运公交线路与干线布局关系的不同，其形式有起点（O）—接运公交—轨道线路—终点（D），起点—轨道线路—接运公交—终点，起点—接运公交—轨道线路—接运公交—终点等四种。接驳站点的平面结构，应考虑为同其他交通方式的连接提供空间和路径条件。

2) 接运公交线路的约束条件。

① 接运公交的交通流量受干线交通流量的限制，也受站点接驳方式和能力的限制。

② 接运线路的长度较短，一般来说，接运公交线路长约 6 km，最长不宜超过 8 km，线路过长可能使线路的功能复杂化。

③ 接运线路自身的效益（线路效率）和它对轨道交通线路的接运作用（接运效益）都应该足够大。

④ 接运线路应避免与干线竞争客流，即接运线路尽量避免与干线重复运行，线路设置应在与干线有竞争的区域之外进行。

(4) 远郊支线公交网络。

远郊支线公交网络是市区公交网络的辅助系统之一，远郊支线公交网络以快速交通为骨干，多种交通方式相互衔接、互为补充。

通过在城市和乡镇分别建立大型的中转换乘枢纽，配合公交线网实现城乡之间的良好衔接，形成以市区为重点、市郊协同发展、城郊一体化的"大公交"格局。

建设远郊支线公交网络的实质是旨在形成公交的"城乡一体化"局面，同时也可大幅改善城市公共交通服务覆盖面的局限性。

(5) 其他接运系统。

出租车、网约车、公共自行车也起到了支撑干线公交，覆盖"最后一公里"的接运作用。在接运系统的设计中，需重点解决其运行线路和停放场站的问题。

目前，国内关于公交接运系统的设计尚无统一标准。

5.3 城市轨道交通线路设计

城市轨道交通线路设计的目的是确定城市轨道交通站位及线路的空间位置。

（1）城市轨道交通线路设计的一般规定如下。

1）线路规划应确定线路基本走向、起终点位置和主要车站分布，并应确定线路铺设方式的基本原则，线路规划应与沿线用地规划相协调。

2）线路规划应提出线路的运行速度、平均站间距、最大运输能力等技术标准，并应符合其在城市轨道交通线网中的功能定位和层次，以及客流特征、服务水平的总体要求。

3）线路走向应符合城市总体规划中的用地规划要求，并应符合沿线环境功能区对噪声、振动的要求，且应与沿线城市景观相协调；车站分布应满足城市用地功能及交通的基本要求，生态环境管控地区严禁设置车站。

（2）城市轨道交通线路设计的要求如下。

1）线路起终点车站应符合城市用地规划的要求。线路的起终点车站、支线分叉点均不宜布设在客流大的横断面位置。

2）线路的经由宜沿承担主要客运功能的城市道路或客流走廊布设。线路经由穿越地块时，应具有可实施性，并应做好规划控制。

3）线路的平面、纵断面技术标准应满足系统制式和运营速度标准的要求，当同一走廊布设多条线路时，应同时具备各条线路布设的技术条件；具有多种速度标准需求的线路应具备越站运行的线路技术条件。

4）线路应避开地下文物埋藏区、不良地质区域和重大安全风险源，当穿越较宽河流、水域、山体等地质地形复杂地段时，应具有可实施性。

在城市道路和城市轨道交通的线路设计中可采用线路平面图、线路纵断面图和线路横断面图来表示。

5.3.1　城市轨道交通线路平面设计

城市轨道交通的线路平面是指线路的中心线在水平面的投影。城市轨道交通的线路平面由直线、圆曲线和缓和曲线组成。城市轨道交通线路平面设计就是在城市的具体地形图上安排合适的车站与区间线路位置，并以线路中心线的特定里程桩号和特殊点的空间位置坐标表示。

（1）要确定城市轨道交通站位及线路平面的位置，应充分考虑以下因素。

1）乘客出行的便利性。

2）运营管理的需要。

3）现有和规划中的道路、地面建筑、地下管线和其他构筑物。

4）工程地质与水文条件，设施结构类型与施工方法。

5）环境与景观要求。

6）文物古迹保护。

（2）直线段设计。

直线作为平面线形的要素之一，具有快捷、直达、列车行驶受力简单和测设方便等特点，但过长的直线不利于城镇地区既有设施的绕避。因此，在选线设计中，应综合考虑工程和运营两方面的因素，合理选用直线线形。

设计线路平面时，相邻两直线段的位置不同，其间的曲线段位置也需要做出相应的改变。因此，在选定直线段位置时，要充分考虑地形、地物条件，使直线段与曲线段相互协调，确保线路所处位置最为合理。

设计线路平面，应尽可能设置较长的直线段、减少转弯，以缩短线路长度、改善运营条件。只有因遇到地形、地质或地物等局部障碍而可能导致工程量有较大增加时，才设置转弯绕避障碍。

(3) 圆曲线段设计。

城市轨道交通线路平面圆曲线半径（以下简称"曲线半径"）的选择是圆曲线设计的关键问题之一。最小曲线半径是轨道交通线路允许采用的曲线半径最小值。它是主要技术标准之一，应根据设计速度、车辆类型、旅客乘坐舒适度和运行平稳度等因素比选确定。

由于乘客流向的需要，线路需要转弯；受线路附近建构筑物等的影响，线路也需要转弯避让。设计圆曲时，若线路转角过大，线路转弯急，则曲线总长会增大；内外轨长度不同，列车运行在曲线时既会产生较大噪声，也会降低乘客乘坐的舒适度；列车行经曲线时需要克服阻力做功，运营支出也相应加大，因此应尽可能减小转角的度数。

设计圆曲时，宜按标准半径从大到小合理选用，线路的最小圆曲线半径和线路的布置有关，也和采用的车型有关。实际工作中，为避免施工精度方面的控制困难，最大半径一般很少超过 3 000 m。400 m 以下的小曲线半径具有限制列车运行速度、养护比较困难、钢轨侧面磨耗严重及噪声大等缺点，特别是在城市轨道交通运量大、密度高的情况下，上述缺点更加突出。我国的相关标准规定，A 型车正线的最小圆曲线半径为 350 m，困难情况下可以减小至 300 m。

(4) 缓和曲线设计。

1) 为使列车安全、平顺地由直线过渡到圆曲线，在直线与圆曲线之间要设置缓和曲线。轨道交通线路的直线段曲率半径 $\rho = \infty$，圆曲线段曲率半径 $\rho = R$，因此需要有一种曲线能满足从直线段到圆曲线段曲率变化的要求；为了让车辆在通过曲线时能有足够的向心加速度，必须把外轨抬高形成外轨的超高 h（在道路设计中其被称为道路横坡）。

2) 缓和曲线的作用是：在缓和曲线范围内，其半径由无限大渐变到圆曲线半径，从而使车辆产生的离心力逐渐增加，有利于平稳行车；在缓和曲线范围内，外轨超高由零递增到圆曲线上的超高量，使向心力逐渐增加，从而与离心力的增加相配合。

3) 为了让列车能顺利通过圆曲线段线路，圆曲线段的轨距需要加宽。当圆曲线半径小于 350 m、轨距需要加宽时，应在缓和曲线范围内，由标准轨距按加宽量逐步加宽到圆曲线上所要求的轨距。

4) 确定圆曲线半径后，根据列车车型和运行速度，参考技术规范，选用合适的缓和曲线类型和长度，并计算直缓点、缓圆点、交点的坐标及内移距离。

(5) 车站设计在平面曲线上的问题。

车站站台段线路设在曲线上时，驾驶员和车站管理人员瞭望条件差，不但会增加管理上的难度，而且对行车安全也不利。在平面上，车站应设计在直线上，避免将车站设计在曲线上，以免因曲线半径太小而导致列车与站台的间隙过大，给乘客带来危险。图 5-1 显示出列车停在小半径曲线上便存在这种安全隐患。

根据我国目前车辆的使用情况，在分别对 A 型车和 B 型车进行间隙验算并参照国外经验后得出的结论认为，在困难地段车站可设在半径不小于 800 m 的曲线上，这样可基本满足曲线站台边缘与车辆之间的空隙要求。

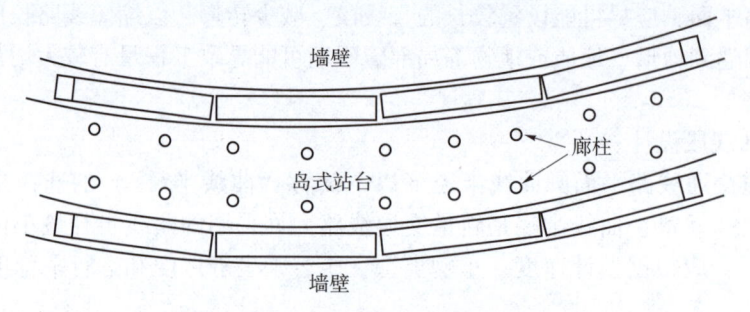

图 5-1　列车停在小半径曲线上示意图

5.3.2　城市轨道交通线路横断面设计

在道路横断面设计中规定，每间隔一定距离（桩号）要画出道路的横断面布置图，体现道路路面（路拱）形状、边坡、建构筑物与绿植位置的设计等。同样，在设计城市轨道交通系统时，也要给出横断面的布局结构。不同的是，城市轨道交通的横断面应对如下内容予以足够的重视：线路横向空间位置、线路的限界、设备安装的位置等。

（1）高架线路横断面布置。

城市轨道交通高架线路横断面的布置，根据线路铺设区域的具体情况，可考虑路中方案或路侧方案。路中方案对道路两侧的影响是均等的；若考虑采光和噪声等因素，路侧方案则易引起一侧居民的不满。

（2）地面线路横断面布置。

轨道与其隔离防护设施对城市会产生分割作用，不利于城市居民的生产生活。当轨道交通与城市交通相干扰时，需要对城市道路进行立交化改造。与此同时，地面线路的横断面布置还需要考虑地面排水结构等因素的影响。

（3）地下线路横断面布置。

影响城市轨道交通地下线路横断面布置的因素，根据线路敷设区域的具体情况，可包括既有建构筑物基础、地下管线设施、地质条件，以及城市轨道交通运行时列车与轨道产生的振动对沿线居民生产生活的影响等方面。需要对隧道施工方法、隧道防水、加固、轨道减振等问题进行深入探究。

5.3.3　城市轨道交通线路纵断面设计

（1）城市轨道交通线路的空间位置。

城市轨道交通线路包括地下线、地面线和高架线。

地面线和高架线安全感好、噪声小、明亮通畅，乘车时乘客可以饱览城市风光，乘车的舒适度也比较高，但会对沿线居民生产生活造成不利影响。因此，在确定线路位置时，一定要充分考虑行车与维修会产生的振动和噪声，以及乘客视线对居民生活的影响。同时，要防止建筑物内的废弃物被投掷到线路上影响行车安全；在建筑、结构、供电设计中更要处理好对城市景观的影响。

由于根据相关规范要求采取的防范措施不同，线路离建筑物的距离也不同，但最小距离不得少于防火规范的要求。同地铁结合的建筑物除满足防火规范的要求外，还要从结构、轨道等方面加强减振、降噪措施，防止因建筑结构设计不当而影响行车安全。

地下线应考虑在道路红线范围内，沿道路走向布设，并尽量采用路中方案，特别是在道路两侧建有深桩基础的建筑物的情况下。也有在道路红线范围之外，城市轨道交通线路穿越居民区的情况。其原因首先是总体线路走向要求，其次是交叉口红线范围小，不能满足最小曲线半径的要求，且线路所穿越的居民楼多为条形基础的多层房屋。为了减少轨道交通运营给居民造成的振动污染，应该采用浮置板等特殊轨道结构。

（2）线路纵断面的表示方法。

城市轨道交通线路的纵断面指两根钢轨顶面连线的中点连线在竖直面上的投影。独轨线路纵断面应是独轨轨面的中心线在竖直面上的投影。

城市轨道交通线路的纵断面由坡段和连接相邻坡段的竖曲线组成。坡段的特征用坡段长度和坡段坡度值来表示。如图 5-2 所示，坡段长度 L_i 为该坡段前后两个变坡点之间的水平距离（m）。坡段坡度 i 为该坡段两端变坡点的高程 H_i（m）除以坡段长度 L_i（m），其值以千分数表示。

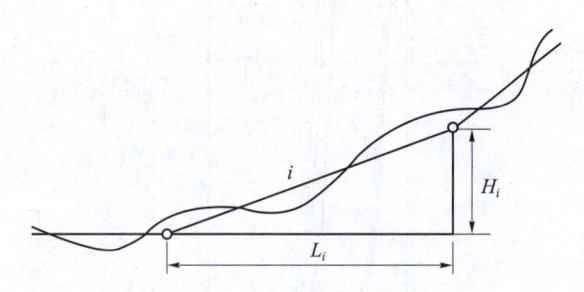

图 5-2 线路坡段长度与坡段坡度示意图

两个坡段的连接点，即坡度变化点，称为变坡点。一个坡段两端变坡点之间的水平距离称为坡段长度。

（3）纵断面的技术要素。

城市轨道交通线路纵断面设计（见图 5-3）的主要技术要素有坡段坡度、坡段长度及坡段之间的连接。

相对于国铁干线列车，城市轨道交通列车的载重量小，运行站距短，需要较大的起停车能力。由于城市轨道交通列车的牵引力与牵引质量之比很大，因此坡度不是限制列车牵引质量的主要因素。所以，可以把城市轨道交通线路允许设计的最大坡度值称为最大坡度，而不称为限制坡度，同时也不存在加力坡度。一条城市轨道交通线路由若干坡段组成，其坡度的平均值即为线路坡度，但一般情况下所说的线路坡度为线路中的最大坡度。

在实际设计纵断面时，在满足排水及标高控制要求的前提下，线路坡度应尽可能平缓，一般应在 20‰ 以下。

（4）地下隧道、尽头线、站台线的纵坡。

1）因地下隧道有充足的水源，为便于排水，地下线路区间不能设计成平坡，而要具有不小于 3‰ 的坡度。

2）隧道内的存车线和车辆折返用的尽头线上应设计 2‰ 的纵向坡度，且方向是由车站向车挡方向为上坡，以便于停车和启动。

3）车站站台段线路的纵坡宜设在平道上，困难地段可设在坡度不大于 5‰ 的坡道上。

（5）坡段长度。

线路坡段长度不宜小于远期列车的计算长度，以避免列车在三个坡段上运行。如果每

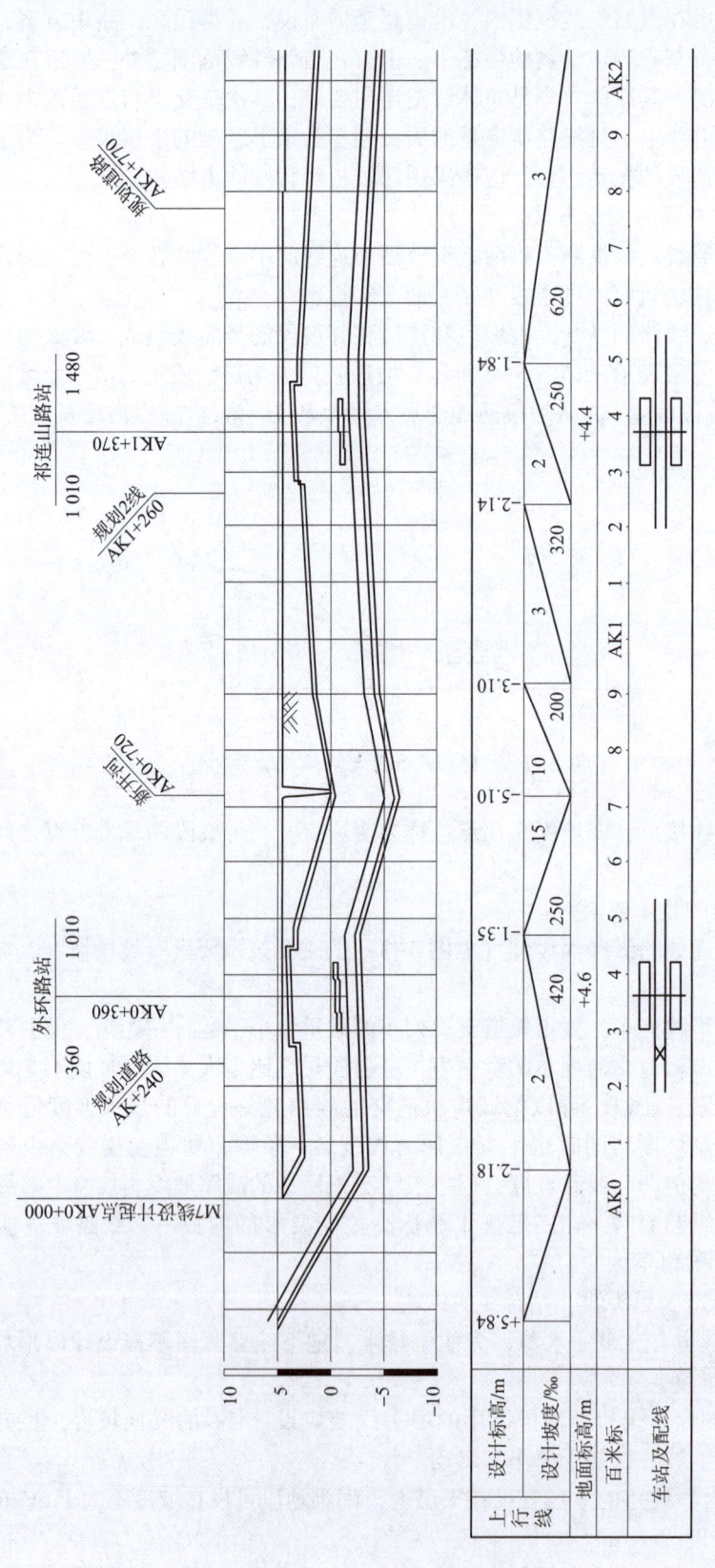

图 5-3 纵断面设计实例

节车厢长度按 19.11 m 计算,当列车编组为 8 节车厢时,列车长度约为 150 m;当列车编组为 6 节车厢时,列车长度约为 115 m;当列车编组为 4 节车厢时,列车长度约为 75 m。

(6) 竖曲线。

在线路纵断面的变坡点处,为了保证行车的安全平顺,设置的与坡段直线相切的竖向曲线称为竖曲线。

在纵断面上,若各坡段直接相连则形成一条折线。列车运行至坡度代数差较大的变坡点处时,容易产生车轮脱轨、车钩脱钩等问题。为避免这类情况的发生,当坡度代数差等于或大于 2‰时,应在变坡点处设置竖曲线,把折线纵断面平顺地连接起来,以保证行车的安全和平稳。

常用的竖曲线有两种线形:一种为抛物线形竖曲线,即用具有一定变坡率的 20 m 短坡段连接起来的竖曲线;另一种为圆弧形竖曲线。因圆弧形竖曲线测设、养护方便,目前国内外均大量采用。我国城市轨道交通线路采用圆弧形竖曲线。

城市轨道交通线路的竖曲线半径应根据乘客乘坐舒适度、运行安全性能和是否便于养护维修三个条件拟定。

5.3.4 限界

(1) 限界。

限界是指列车沿固定的轨道安全运行时所需要空间的尺寸。设计城市轨道交通线路时,务必遵守限界的相关规定。

城市轨道交通车辆在地面、高架和隧道内运行,一方面,轨道结构上部要有足够的空间,以供车辆通行和布置线路结构、通信信号、供电、给排水等设备;另一方面,为了确保列车安全运行,凡接近城市轨道交通线路的各种建筑物(如隧道衬砌、站台等)及设备,必须与线路保持一定的距离。

限界轮廓线由内向外的顺序是车辆限界、设备限界、建筑限界等,如图 5-4 所示。

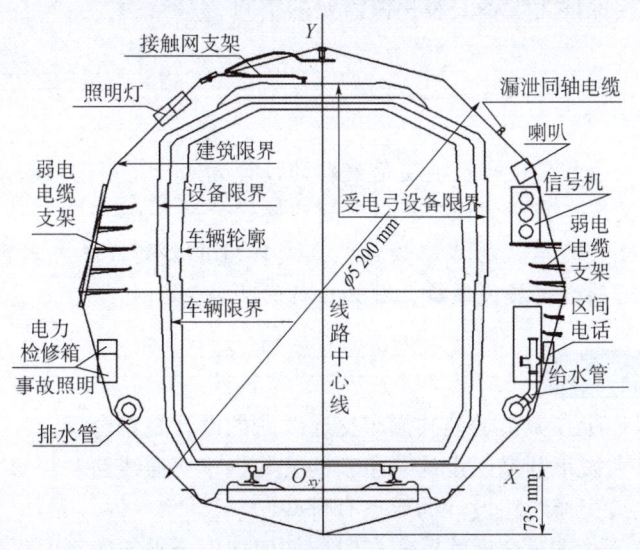

图 5-4 城市轨道交通限界示意图

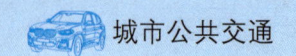

(2) 车辆限界。

车辆限界是根据车辆外轮廓尺寸和主要技术参数，结合车辆在平直线路上正常运行状态下的静态运动包迹线，以及动态情况下横向和竖向偏移量及偏转角度，按可能产生的最不利情况进行组合计算确定的。

(3) 设备限界。

设备限界是在车辆限界的基础上，考虑轨道的轨距、水平、方向、高低等在某些地段出现最大容许误差时引起的车辆附加偏移量，以及在设计、施工和列车运行中可能出现的不可预见因素而设定的安全预留量。

车体肩部横向间距应为 100 mm；车体下部梁横向间距应为 30 mm；车体下边梁向下间距应为 50 mm；车下悬挂物向下间距应为 50 mm。车体顶部向上应为 60 mm（含竖曲线偏移量）；车顶与车体肩部的过渡线应相距 60~100 mm，由此构成设备限界。转向架部分横向及竖向间距应为 15~30 mm；转向架设备限界（轮对除外）最低点离轨面净距：A 型车为 25 mm，B 型车为 15 mm。

(4) 接触轨限界。

接触轨限界应根据受流器的偏移、倾斜和磨耗，接触轨安装误差、轨道偏差、电间隙等因素确定。

(5) 建筑限界。

建筑限界是指在由行车隧道和高架桥等结构物的最小横断面形成的有效内轮廓线基础上，再考虑其施工误差、测量误差、结构变形等因素，为满足固定设备和管线安装的需要而必需设置的限界。

(6) 区间隧道的限界。

区间隧道限界是在既定的车辆类型、受电方式、施工方法及结构型式等基础上确定的隧道的限界。

(7) 车站限界。

车站内设置了站台、信号机、屏蔽门、广告牌等装置，非工作人员不得进入车站限界，车站限界还需要保证为设备安装预留需要的空间。

知识小结

学习本章后，应该掌握城市公共交通线路的设计方法，了解影响公共汽车交通线路设计的因素，掌握公共汽车交通、城市轨道交通线路设计的要点。

通过学习城市公共汽车交通线路设计，会发现城市公交线路与居民日常出行关系密切。通达的公共交通网络是居民便捷、顺畅出行的关键。

思考题与练习题

(1) 试分析你所在城市的公共汽车交通线路的设计是否合理。

(2) 如何在大城市开发区设计一条新的公共汽车交通线路？

(3) 城市轨道交通线路设计的要点有哪些？

(4) 在城市公共汽车交通线路布局时应如何体现公平与效率？

(5) 讨论未来的城市公共汽车交通线路设计应考虑哪些因素。

第6章 城市公共交通网络

知识目标

（1）理解城市公共交通网络的概念，明确各种公共交通线网形式在城市交通中的地位和作用。

（2）掌握公共交通线网的优化方法。

（3）理解公共交通线网的衔接关系。

本章的学习重点与考核权重如表 6-1 所示。

表 6-1 学习重点与考核权重

能力目标	知识要点	权重
能够分析城市公共交通线网的构成	城市公共交通干线、快线、接运线等线网的特点与构成	0.4
理解并能够进行城市公共交通线网的优化	线网优化原理与方法	0.4
能够进行城市公共交通线网评价	线网评价方法	0.2

引 例

（1）丹麦首都哥本哈根，以其独特的"指状规划"和"指状城市结构"而闻名。指状城市结构的内涵是指城市手指之间的区域不受城市相关设施开发建设的侵蚀，必须将之作为区域休闲娱乐的绿色空间而加以保护。从 1947 年"指状规划"首次被提出开始，指状发展区之间的绿楔就一直是规划的主题，旨在确保市民能够通过这些渗入城市核心的绿楔接近自然。将放射状的城市轨道交通系统与根据总体规划而修建的郊区有效地整合起来，这属于典型的 TOD 土地开发模式。

（2）2024 年，北京市委贯彻《中共中央关于进一步全面深化改革、推进中国式现代化的决定》的实施意见指出，要"加快构建以轨道交通为骨干、地面公交为支撑、多种出行方式为补充的安全、通达的综合交通体系""深化轨道交通与地面公交两网融合"，对新形势下北京市公共交通发展提出了新的要求。围绕以人民为中心、坚持公共交通公益属性这一理念，北京积极推动地面公交线网优化，提升公交运营服务水平，创新公交服务模式，先后开通了通学、通医、通游及地铁接驳等多样化公交线路，服务于群众不同场景下的出行活动，满足市民的多样化出行需求。以"轨道密集区加强公交接驳服务，减少长、大线和重复经由线路；轨道覆盖不足区域，增加公交覆盖"为基本原则，北京在2024年年内累计优化调整公交线路128条，增加线网覆盖82.2 km，方便了127个小区居民的出行。

6.1 概述

6.1.1 城市公共交通网络的概念

（1）城市公共交通网络。

城市公共交通网络包括公共汽车系统、城市轨道交通系统、出租车系统、轮渡系统及其他提供公共交通服务的系统，其载运工具在特定的线路上运行，构成服务网络，覆盖城市区域。

出租车、网约车、公共自行车等系统，运行线路不固定、覆盖面广，但客运量很小，可作为骨干线网的支撑和补充，因而可将其视为特定的公共交通服务网络另行研究。

（2）城市公共交通网络的层次。

根据线路覆盖区域的规模、性质、道路构成的状况及客流分布的流向、大小，需要配置相应的运输系统，并根据各系统线路运输能力的大小将城市公共交通网络划分为多个层次。

1）骨干线网。城市轨道交通具有快速、准点、大容量、乘坐舒适等特点，因此，城市轨道交通应成为城市公交系统的骨干，布设在客流密集的客运走廊上，满足居民中长距离出行的需求。城市轨道交通线路是城市交通的骨干线路，采用固定编组的列车，以达到大运量、高速度的目的，其平均运营速度一般为30~40 km/h。

2）公交快速线网。公交快速线路（含快速公交线路，BRT）具有可全面体现公交优先、大容量、更灵活，在特定条件下可以作为城市客运交通的骨干方式等优点。在城市轨道交通建成之前，快速公交可以作为城市客运的骨干；在城市轨道交通建成之后，快速公交可以作为辅助，为居民提供多样化的、更为方便的交通方式。快速公交主要是为了满足居民中长距离的出行需求，且作为城市轨道交通的补充，还要承担大型集散点之间、各功能区之间的连接功能。公交快线主要服务于城市地区间的交通，其承担的功能与快速公交相同，其线路沿大中型集散点、大中型居民区设置，具有速度快、发车频率高、服务水平高的特点。

3）公交普线线网。公交普线具有灵活、便捷、覆盖面广的优点，是与公交快线相匹配的公交方式，适合中短距离出行，其承担的功能介于公交快线和公交支线之间。一方面，它承担公交快线网络无法承担的部分骨干客流，对公交快线网络起补充作用；另一方面，公交普线网络因覆盖面广，具有支线接驳快线客流的作用（主要接驳城市轨道交通线路和快速公交线路），线路沿大中型集散点、大中型居民区设置。公交普线采用中等站距，以提供方便的服务，其站距一般以400~600 m为宜，市中心站距可加密到300 m左右；高峰时发车间隔为3~4 min，平峰时可延长到8~10 min；线路深入各居住区及功能区，服务水平仅次于公交快线。

4）公交支线线网。公交支线主要服务于地区内的交通出行，连接客流集散点与枢纽之间的交通以及客流集散点与城市轨道交通站点之间的交通，与公交干线或城市轨道交通一起提供服务。这种线路设置的主要目的是减少使用者步行的距离，实现真正意义上的零距离换乘；配合较密的发车间隔，可有效提高公交吸引力。公交支线深入各居住区及各功能区，不仅可以为居民的短距离出行服务，解决居民的区内出行问题，还可以承担集散客流的功能。此外，公交支线可以配合城市轨道交通、快速公交、公交普线及客流集散点的布设，扩大公交快线的辐射范围，方便居民出行换乘。公交支线的站距较小，一般在 300~500 m。

（3）公交线网的布局形式。

通常，大多数城市的公交线网最初都是随着城市的发展而自然形成的，并随着所在城区规模的扩大不断向外延伸。由于城市道路的结构、规划用地性质的不同，常见的公交线网布局形式有以下几种，如表 6-2 所示。

表 6-2 公交线网布局形式

布局类型	优点	缺点	样图
放射型	为城市不同区域人群提供公交出行服务；方便各区域居民直达城市中心区域	加剧市中心区的交通拥挤；加剧城市用地的紧张程度，且容易引起市中心区客流集中，影响道路的通行能力	
棋盘型	居民最多只需一次换乘即可到达目的地；公交车可存放在市区边缘区域	交叉对角线方向的交通不方便；交叉口过多，城市中心区容易引发堵塞	
交叉放射型	具备棋盘型所具有的灵活性；可为商业文化中心乘客集散点提供更多的公交线路，且不用换乘即可到达；为远离市区的居民公交出行提供便利	公交换乘次数增加	
主辅结合型	保证了主线上乘客的快速通达，辅助线路覆盖面广，公交服务可得性高	大多数乘客必须中途换乘车辆；公交车班次的间隔时间长	
环形线	分担部分城市中心区的客流压力	公交车班次的间隔时间长；大多数周边地区居民出行需要换乘	

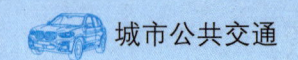

(4) 城市公共交通网络的现存问题。

公共交通是政府主导下的公共产品，也是一项基本的民生公益事业，在居民日常生活中发挥着重要作用。然而，随着城市经济的高速发展，私家车数量明显增多，道路通行越来越缓慢，交通拥堵、大气污染等问题已经非常明显。公共交通是一种经济、便利、绿色的出行方式，只有改善公共交通现状才能吸引更多的人选择公交出行，这是解决城市交通问题的治本之策。

我国大部分城市的常规公交发展已形成一定的规模，并为城市的经济发展和社会建设做出了重要的贡献，但其仍存在如下问题，这些问题的存在削弱了公交的优势，制约了公交的发展。

1) 缺乏与城市轨道交通线路的协调及衔接，造成系统间的竞争以及出行者的出行效率低下。

2) 公共交通线路分布不能很好地契合客流需求，交通网络布局不合理，公交线路过多地集中在干道上，线路重复率高，而其他区域公共交通线网密度低，甚至存在公交服务盲区。

3) 线路迂回太大，造成乘客总的公交出行距离过长。

4) 枢纽站设置不合理，造成乘客换乘次数多、乘行距离长。

5) 道路交通环境较差，公交车辆没有优先通行权，公交行程时间误差大、准时性差。

6) 公共交通运力分配不均，部分线路公交车辆少、发车频率低、车况差、车内拥挤、正点率低。

7) 公交停车场规模偏小，首末站用地没有保障，公交车进场率低，部分线路的公交车辆只能在路边掉头，影响道路交通。

6.1.2　城市公共交通网络规划

(1) 城市公共交通网络规划基本原则。

城市公共交通网络规划是保障城市公共交通科学发展的先导。编制城市公共交通网络规划应当统筹城市发展与城市公共交通发展，在总结城市公共交通发展现状、研判发展形势、分析公众出行需求的基础上，确定发展战略、发展目标、发展任务和保障措施，推动建立城市公共交通网络支撑和引导城市发展的规划模式，实现城市公共交通资源的优化配置，提升城市公共交通服务能力和服务水平，最大限度地保障公众基本出行需求。编制城市公共交通网络规划应遵循以下原则。

1) 协调性原则。

编制城市公共交通网络规划应当综合考虑城市交通发展与土地利用的关系，与城市总体规划和城市综合交通运输规划相协调。城市公共交通网络规划确定的设施用地应当纳入城市详细规划。

2) 系统性原则。

编制城市公共交通网络规划应当综合考虑城市交通基础设施、发展条件、公众出行需求和政策体系等方面的内容，按照统筹城乡道路客运和区域交通协调发展的要求，系统规划各种公共交通方式的线网和场站，并加强城市公共交通与其他客运方式之间的衔接。

3) 适用性原则。

编制城市公共交通网络规划应当综合考虑城市自然地理条件、人口规模和经济社会发展状况，结合城市交通发展特点，并充分考虑用地条件、投资能力等因素，因地制宜地制定科学合理、切实可行、适度超前的规划方案。

4）开放性原则。

编制城市公共交通网络规划应当广泛征求社会公众、行业专家和相关部门的意见，充分采纳意见建议，认真研究论证，形成规划方案。

(2) 城市公共交通网络优化目标。

来自不同主体的要求不同，优化目标也随之不同，具体内容如下。

乘客：站点很近、乘车时间短、票价低、直达、少换乘、乘坐舒适、有座位、有空调、安全等。

公共交通服务企业：运输成本低、收入高、投入少、车辆利用率高、投资回报好等。

政府：环保、社会福利好、交通安全性好、城市形象好等。

其他方式出行者：受公共交通影响小等。

由于来自不同主体的要求不同、目标不同，因此形成了多目标优化的问题。这是一个很复杂、很难求解、计算工作量巨大的问题。

定义如下多目标优化问题：

$$\min f(x) = [f_1(x), f_2(x), \cdots, f_n(x)] \tag{6-1}$$

通过非负加权求和，把上面多目标优化转化为单目标问题：

$$\min J(x) = w_1 f_1(x) + w_2 f_2(x) + \cdots + w_n f_n(x) \tag{6-2}$$

这样一来就产生了一个问题：各个目标之间量纲的不统一，可能造成单目标优化问题的鲁棒性差；单目标加权求和只能逼近凸的帕累托图，但当多目标问题的解集为非凸集时怎么办？多目标之后计算量要大幅增加，计算机能力不足怎么办？这些问题可作为本章学习的拓展性思考题。对于公交线网而言，解决办法大多是建立多层次优化目标。

(3) 多层次公共交通网络优化目标。

1) 公交干线网络优化目标。

①从乘客的角度出发，考虑以乘客出行的时间最短为目标。出行时间最短的目标函数为：

$$\min T_R = \sum_{i=1}^{n} \sum_{j=1}^{n} Q_{ij} T_{ij} \tag{6-3}$$

式中　T_R——公交干线网络 R 的运行时间，min；

　　　Q_{ij}——从站点 i 到站点 j 的客流量，人次；

　　　T_{ij}——从站点 i 到站点 j 的公交行程时间，min。

②对运输公司来说，其要追求网络线路客流周转效率最高，目标函数为：

$$\max E_R = \frac{\sum\limits_{\substack{I \in R \\ \forall i,j \in I}} q_{ij}^I \cdot l_{ij}^I}{\sum\limits_{I \in R} l_I} \tag{6-4}$$

式中　E_R——公交干线网络 R 的线路效率，人次；

　　　q_{ij}^I——线路 I 上从站点 i 到站点 j 的客流量，人次；

　　　l_{ij}^I——线路 I 上从站点 i 到站点 j 的距离，km；

l_I——线路 I 的总长，km。

2）公交普线网络优化目标。

①中短距离出行时换乘次数最少，可实现直达，即能快速、方便地到达目的地。

②长距离出行时，使乘客能方便、快速地换乘大容量快速公交，要求尽可能地提高公交营运速度，减少换乘次数等。

③保证适当的公交网络密度，即良好的可达性。

④保证网络的服务面积率，减少公交盲区。

⑤公交线路客流均匀。

⑥兼顾公交运营企业效益。

3）公交支线优化目标。

公交支线应为居民小区及公交快线、公交普线未覆盖区域的乘客提供快速、便利地到达目的地、枢纽点的接运服务，允许其有一定的绕行。布设时，应注重提高公交网络的覆盖率，以公交支线线路连接的公交站点和途经的出行集散点数量最大为目标。其目标函数为：

$$\max C = \max \sum C_{IJ} \tag{6-5}$$

式中 C_{IJ}——线路 I、J 连接的公交站点及途经的出行集散点个数。

（4）公交线网优化约束条件。

1）单条线路约束条件。

公交线路起终点可行集：包括建设空间与车辆运行空间（停放、掉头、停站）。

线路长度约束：线路长度应该在一定的范围内。

线路非直线系数约束：《城市道路交通规划设计规范》（GB50220—95）（以下简称《规范》）中规定 $R_{\max} = 1.4$。

常规普通公交线路客运能力为：

$$Q_I = Q_{I_{\max}} \gamma \tag{6-6}$$

站点换乘能力约束：第 I 节点换乘客流量小于或等于最大中转乘客能力。

道路通行能力：保证社会车辆和公共交通车辆混合运行。

线路的断面流量均衡性约束：不宜超过 1.5。

复线系数：主干道断面上的重复线路条数最多不宜超过 8 条，最好不多于 5 条。

线路站距约束：在主市区，间距一般为 500~600 m；市区边缘区，站点距离则在 800 m 左右。

2）公共交通网络整体约束条件。

①网络密度：公交网络密度是指城市提供公交线路服务的每平方千米用地面积上有公交线路经过的道路中心线的长度，它反映了居民接近公交线路的程度。当公交车保有量一定时，公交网络密度过高或过低，都会造成非车内出行时间的增加。

根据《规范》要求，公交网络密度在主城区为 3~4 km/km²；城市边缘地区为 2~2.5 km/km²。

公交网络密度受道路网络密度的影响，通常用公交网络的道路网覆盖率来衡量公交网络在道路网上的密度。规划区公交网络的道路网覆盖率为

$$D_m = \frac{l_{Rm}}{l_{Am}} \tag{6-7}$$

式中 D_m——第 m 区公交网络的覆盖率；

l_{Rm}——第 m 区公交线路长度，km；

l_{Am}——第 m 区道路网长度，km。

② 换乘次数：城市居民单程出行的换乘次数不超过 3 次。

③ 乘客换乘系数 α：小于或等于 1.3（中小城市）或 1.5（大城市）。

④ 公交网络的车站服务面积率：《规范》要求，公共交通车站服务面积，以 300 m 半径计算，不得小于城市用地面积的 50%；以 500 m 半径计算，不得小于 90%。公交网络的车站服务面积计算公式为

$$\gamma_R = S_R/S \geq \gamma_{\min} \tag{6-8}$$

式中 γ_R、$\gamma_{\min}$——公交网络 R 的车站服务面积率和最小允许服务面积率；

S_R——公交网络 R 的公交车站服务面积，km^2；

S——城市用地面积，km^2。

⑤ 居民出行时耗：人们出行的在途时间，是考察城市运行效率的关键指标，是居民生活品质的重要影响因素。广州市单程平均通勤时耗为 38 min。广州市单程通勤时耗在 45 min 以内的通勤人口相对密度为 75%，还有 14% 的通勤人口承受单程 60 min 以上的极端通勤时耗。

$$T \leq T_{\max} \tag{6-9}$$

式中 T——城市中 95% 的居民出行单程的最大时耗，min；

$T_{\max}$——城市中 95% 的居民出行单程的最大时耗上限，min。

⑥ 载运工具保有量：为保证运输需要，运营单位需要拥有用于生产的一定数量的载运工具。按《规范》的要求，公交车保有量应满足如下要求。

对大城市：

$$\frac{1}{1\,000} \leq \frac{N_1}{P} \leq \frac{1}{800} \tag{6-10}$$

对中小城市：

$$\frac{1}{1\,500} \leq \frac{N_1}{P} \leq \frac{1}{1\,200} \tag{6-11}$$

式中 P——城市人口数；

N_1——城市的公交车辆数。

6.2 城市公共交通网络优化

城市的发展是一个循序渐进的过程，包括产业增长、人口增加、城市面积扩大、交通供给水平提高等。

城市发展是指城市在一定地域内的地位与作用及其吸引力、辐射力的变化增长过程，是满足城市人口不断增长的多层次需要的过程，包括量的增加和质的提高。城市作为地域经济、技术、政治、生产、人口、信息、交通、文化等的集聚点，对其周围地域具有一定的吸引力，城市在其发展过程中也不断对周围地域产生辐射作用。

6.2.1 城市公共交通网络规划流程

（1）城市公共交通网络发展。

城市公共交通网络布局是适应城市发展的要求而逐渐形成的。由于各自的运输能力不

同，城市公共交通子系统形成了干线、支线等公共交通网络中的不同层级。各层级之间的关系是递进发展的，即在小能力的运输系统不能满足人们的出行需求时，人们会着力开发并应用新技术手段，以大能力干线交通来应对，这就是城市公共交通网络发展的一般模式。

应对城市公共交通网络进行综合规划。在计划经济条件下，各种公共交通方式有不同的投资渠道和经营管理部门，因此，由于部门的利益各不相同，导致线路彼此之间不相衔接，给居民乘车带来不便。在市场经济条件下，各种客运方式虽然相互竞争，但必须树立综合规划的意识，即要将之融合在一个统一的公共交通网络系统之中，使各条线路既彼此分工又相互合作，把相互衔接的公共交通线路深入到城市各区域。各条线路的客运能力应与客流量相匹配，线路的走向应与客流的主流向一致；主要客流的集散点应设置不同交通方式的换乘枢纽，方便乘客上下车与换乘，充分满足居民乘车的需要，进而维护乘客的最大利益。

目前，我国许多城市由于适合布置公共交通线路的道路少，公共交通线路网稀疏，使乘客步行到站和离站总时间长达 17~19 min，再加上换乘不便、候车时间长，累计非车内时间达 25 min 以上，从而使公共交通失去与自行车交通竞争的能力。因此，保证公共交通行驶所需的线路网密度，是优先发展公共交通的前提。

最优化是随时间变化的，即在某一段时间内可能是最优的，但随着时间的推移，可能会变得不优，需要再调整、再改造。

（2）城市公共交通网络优化流程。

1）摸底城市建设、土地利用现状与规划以及城市公交客流分布。

2）搭建城市公交分析模型，分析客流 OD 及客运走廊分布。

3）结合道路建设、公交场站等可利用的基础设施条件，分层拟定公交网络系统。

4）通过对既有线路的优化调整（保留、优化、新增、取消等）或逐条布设，将其优化成网。

5）建立城市公共交通网络的支撑体系，落实网络优化方案。

（3）城市公共交通网络优化常采用的方法。

城市公共交通网络优化常采用的方法有多层次公交网络分层优化法、最优线路搜索法、拟合客流法、针对问题线路的优化调整、经验法等。

多层次公交网络分层优化法，即按干线、快线、普线、支线的先后顺序实行优化设计。具体而言，就是针对一个主要客流方向，若客流与空间条件满足干线设计条件，则首先实施干线设计，剩余客流依次交由低等级线路完成。一般是将拥堵、大交通流路段的客流转移至干线运输线路。公共汽车线路可以做线路延伸方向、停靠站的微调，而不必进行区域内网络的全新设计。

城市公共交通网络优化还可以使用四阶段法，从研究城市居民出行需求分布开始，到研究居民的出行行为特征，再到落实出行的分布，直至将出行落实到公共交通网络中。在此方法中，公共交通网络的形成也经历了从干线到支线的过程。

城市发展不是一蹴而就的，公共交通网络也不是一次性就可以完成优化的。若一个城区的公交系统在运行一段时间后发现存在不足，就可以进行系统性优化，形成全新的公交线网布局。如果新的公交线网布局将打乱人们的出行习惯，那么该优化就不是适合的优化方式。

6.2.2　干线公交线网

(1) 干线公交线网的概念。

干线公交线网是指以城市轨道交通为代表的由大运输能力城市公共交通系统组成的交通网络。其特点如下。

1) 运输能力大。

城市轨道交通由于采用了高密度的运转方式，列车发车间隔时间短、行车速度高、列车编组车辆数多，因而具有较大的运输能力。单向高峰小时运输能力：轻轨铁路为1万~4万人；地铁为4万~6万人；市郊铁路可达6万~8万人。

2) 速度快。

城市轨道交通与常规公共交通相比，有较高的起动和制动加速度，列车起停快，且有较高的运行速度。城市轨道交通多采用高站台，乘客乘车方便、换乘迅速、在途时间短，可以较快到达目的地。

3) 准时可靠。

城市轨道交通车辆由于在专用车道上运行，不受其他交通工具的干扰，既不会产生拥堵现象，也不受气候条件的影响，按图行车，具有可靠的准时性。

(2) 干线公交线网的发展。

两条公共交通干线，覆盖面小，没有形成规模化的交通互联网络，起不到解决城市交通问题的作用。数条公共交通干线有机衔接，能够起到类似于人体大动脉那般的关键作用。

干线公交线网的密度小、间距大，必须有支线和接续线路的支撑。

1) 干线公交线网是在普通公共交通线网的基础上发展起来的。

随着城市规模的扩大、人口的增加，城市道路交通拥挤成为常态，制约了社会的发展与进步，解决办法之一就是建立大能力通道。

当城市公共汽车交通和其他交通方式使用的道路通行能力趋于紧张时，就应该考虑建设大能力交通系统，例如，北京地铁线网（除1号线、2号线外）。可以说城市轨道交通线网的发展一般都是因为道路通行能力日趋紧张的缘故。

大能力交通系统规划方案的形成，一般是将较大的公共汽车线路客流转移到城市轨道交通线路上来，以缓解城市道路的交通压力。

2) 为了引导城市向新的方向发展，可预先建设大能力客运通道。典型的案例有丹麦首都哥本哈根的"指状规划"，青岛地铁11号线、13号线等，其都对开发新城区做出了重要贡献。

3) 昔日的青岛轮渡、长江索道等也曾起到干线交通的作用，后来该作用被其他交通方式所取代。

4) 快速公共汽车交通，也可以起到干线交通的作用。

(3) 干线公交线网的优化（多层次公交网络分层优化法）。

1) 优化的目标。

干线公交具有灵活、便捷、覆盖面广的优点。干线公交作为城市轨道交通和BRT等大容量快速公交的补充交通方式，还需兼顾接驳轨道线路和快速公交线路客流的功能，适合中短距离出行。干线公交线网的优化目标如下。

① 覆盖城市主要客流的出行。

沿主要客流方向开线。为了提高干线公交线网的平均乘车距离，应该把客流量最大的线路挑选出来，优先设线，保证设立的公交线路能覆盖这些出行需求最大的路段。

优先大流量的直达客流。为了减少干线公交线网的平均换乘次数，在设计公交线路时，应该优先大流量的直达客流，即要尽量和最大的客流方向保持一致，使尽可能多的乘客能够避免换乘。

线路平均客流不低于最低开线标准。在开设线路前必须进行乘客数的估算。只有当乘客数达到一定的标准后，才能开设公交线路，使得线路开通后能够有足够的乘客，保证较高的公交运输效率，同时也能保证公交企业的经济效益。

平均满载率尽可能高。在满足最低客流标准的待选公交线路中，应当尽量选出客流量大的线路，优先布线，保证尽可能高的车辆满载率。这样做的目的在本质上和上一条是一致的。

线路的长度在规定的范围内。这是为了便于公交系统本身的组织管理。线路太长，车辆周转时间过长，会使车辆的准点率下降，发车、配车都有一定的困难；线路太短，车辆周转过快，客流量可能不足，不能充分发挥公交车的运输效率，经济效益不高。所以在设立公交线路时，应该尽量使生成的线路长度在一定的范围内。一般来讲，线路长度以运行时间 30~40 min 为宜，最短以 20 min 为限；对于中小城市，最长以 15 min 运行时间为限，大城市以 60 min 运行时间为限。因此，对于平均运营速度为 15 km/h 的公交线路而言，最短限制距离为 5 km，最长限制距离为 11.25 km（中小城市）和 15 km（大城市）。若备选线路的长度大于最长限制距离或小于最短限制距离时，一般不考虑设线。

线路的客流量应尽可能均衡。为了充分发挥车辆的运载能力，公交线路在布设时应尽可能地优先选取客流较大且稳定的线路，以提高经济效益。公交线路的布设应该尽可能地选取最短距离的线路，这是为使全服务区乘客总的乘行时间或乘行距离最短，以保证公交车的服务质量。

② 干线之间需要有良好的换乘。

平均换乘次数是在公交网络中任意两个节点间需要换乘的平均值，能够在一定程度上反映公交线网的换乘情况。公交线网换乘情况的计算相对较为烦琐，有线路图表法、可达矩阵法、换乘矩阵法，以及基于 Space-P 的网络平均路径长度法。师桂兰等人提出的基于可达矩阵的平均换乘系数计算方法，具有较高的计算效率和便捷度，如式（6-12）所示。

$$ATT = \frac{\sum_{r=1}^{R} \sum_{j=1}^{N} \sum_{i=1}^{N} S_{ij} T_{ij}^{(r-1)} r}{\sum_{j=1}^{N} \sum_{i=1}^{N} S_{ij}} \tag{6-12}$$

式中　ATT——平均换乘系数；
　　　r——需要换乘的次数；
　　　R——最大换乘系数；
　　　N——公交线网节点数目；
　　　S_{ij}——节点 i 与节点 j 之间的客流量，人次；

$T_{ij}^{(r-1)}$——需要换乘（r-1）次的节点换乘矩阵。

《规范》要求公交线网平均换乘系数，大城市一般不超过 1.5，小城市一般不超过 1.3。依据相关研究，可对其进行量化，结果如表 6-3 所示。

表 6-3 平均换乘系数对路网性能的量化反映

平均换乘系数区间	[0, 0.5)	[0.5, 1.0)	[1.0, 1.5)	[1.5, 2.0)	[2.0, ∞)
路网性能	优	良	中	差	极差

（2）干线公交线网的优化流程。

公交干线指大运量公共汽车骨架线路，为主要流向的乘客提供高频出行服务，满足组团间及跨区出行需求，线路顺直，方向性好，覆盖主要客流集散点。

①骨干网初步构建：骨干网的目标是发挥骨干作用，构建公共交通干线网络体系。

②线路方案的设置调整：应根客流情况及服务功能等因素，合理进行干线公交线网的设置和调整。线路被调整或终止后，应确保不产生新的公交服务空白点，原有线路的客流最多增加一次换乘即可满足原方向的出行。

③线路加密：加密线网密度不足区域的干线公交线网，并着重加强接驳轨道线路和快速公交线路的客流，满足市民的乘车需求。

④线路延伸：对于公交服务盲区及新开发建设的项目，应提高干线公交线网的覆盖率，适当延长现有公交线路，以均衡客流需求与服务供给。

干线公交线网的优化流程，如图 6-1 所示。

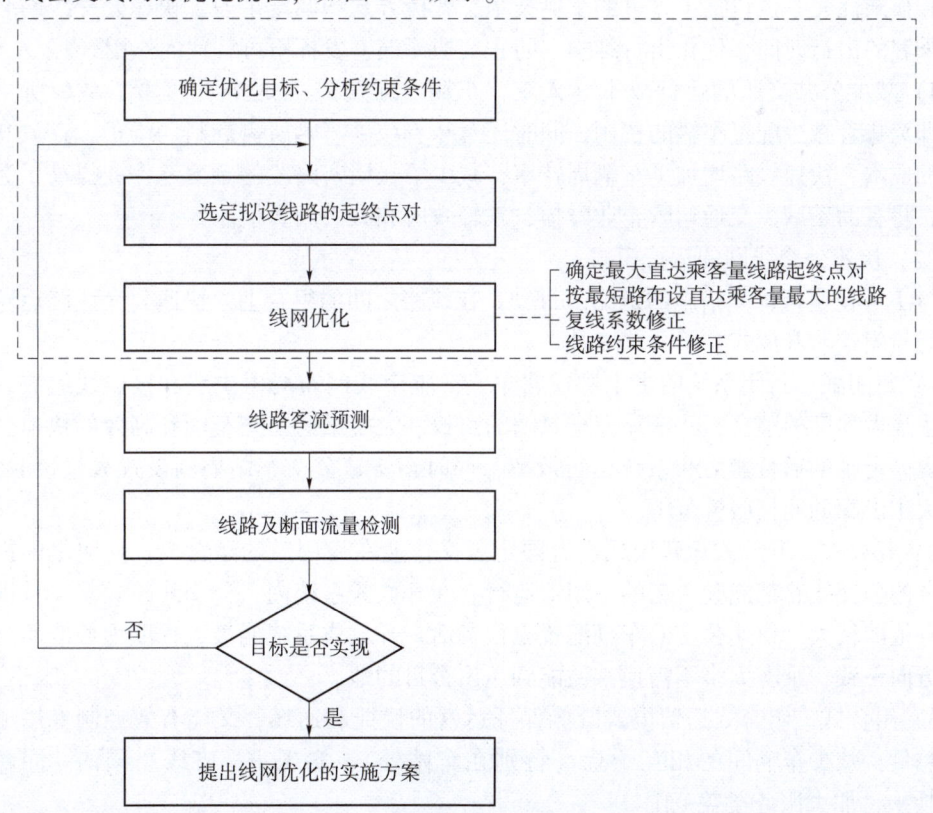

图 6-1 干线公交线网的优化流程

6.2.3 快速公交线网

BRT 系统以最有效的城市道路资源利用方式，低污染、低能耗的运输工具，智能化公交调度与管理手段，承担机动灵活的交通运输任务。实践经验和理论研究证明，为了保证 BRT 系统的运输效率，应该从系统的效率和成本等方面建立可靠的 BRT 系统评价框架，实时评价 BRT 系统的建设和运营情况，及时优化和改进设计方案，提高系统运输效率和可靠性。

(1) 快速公交线网的优势。

1) 快速公交线网的建立有利于城市布局的调整。发达国家的城市大多经历了逆城市化的发展过程，形成了目前的大都市圈和多个城市次中心的结构，相比于只有一个城市主中心的模式，这种城市结构有效减少了人口过度集中带来的诸多问题，也便于进行区域分工和管理。

2) 促进出行结构的优化。一些城市的交通拥堵，有一个很重要的原因是存在着大量的自行车交通。这种对道路资源利用率较低的交通方式，却承担了大量的长距离出行任务，其原因是地面公共交通行驶速度低、不准时等。快速公交线网建立之后，由于其运行速度和准点率的提高，将有助于吸引自行车出行者向对道路资源利用率高的公交方式转化。

3) 节约乘客的出行时间。节省乘客的出行时间是实施快速公交系统的最主要收益。快速公交线网是建立在实行公交优先道路网上的运输系统，其中既包括了路段优先、路口优先和换乘优先，也包括了先进的车辆技术、救援方式和调度手段。快速公交线网必将为缩短乘客的出行时间、优化出行结构、防止交通瘫痪，发挥不可替代的作用。

4) 减少公共交通的运营成本（人工、车辆、维修）。从运营角度看，减少所需车辆数，即意味着减少配置车辆的费用，同时还意味着减少车辆所需燃料、维护、存放和其他方面的成本。快速线路增加了车辆周转率，减少了在堵塞路段的频繁起停，提高了劳动生产率，将有助于减少交通运营企业亏损，减轻政府和人民的负担。

(2) 快速公交线网的运行模式。

BRT 可在实行优先措施的道路上行驶。在线路之间的组合上，快速公交线路运营模式可分为封闭式、开放式、组合式三种。

1) 封闭式。封闭系统的主走廊线路单一，整个线网布局由主线和接驳线组成，线路经过了最大程度的整合，并依靠完全封闭的路权、大容量的公交车辆和高效的快速公交车站来提高走廊的通行能力和系统运行效率，同时在快速公交车站周围设置大量接驳线路，以扩大主走廊的间接服务范围。

2) 开放式。开放式运营模式没有限定公交作业在专用道的运营权，任何之前提供客运服务的公交线路都能驶入新的专用道运行。在开放式系统内，公交线路较多，系统的直接服务范围较大，快速公交的车辆配置也很灵活。开放式系统能最大程度地使线路与乘客出行方向一致，乘客大多不需换乘便能到达出行目的地。

3) 组合式。组合式运营模式既能保证运营的快捷和通畅，又能有效控制专用道内公交车总量，减少车辆间的相互干扰（特别在车站处），实现主、支线"同向、同台、免费"换乘，加大服务覆盖范围。

国内主要城市快速公交运行模式如表 6-4 所示。

第 6 章 城市公共交通网络

表 6-4 国内主要城市快速公交运行模式

城市	运行模式	特点
广州	封闭走廊+灵活线路	兼具全封闭"高端"BRT 和开放式系统的优点,保证了原公交线网覆盖范围基本不变,且提高了 BRT 系统的运输效率。有效利用了现有"公交专用道"资源,减少了建设和运营成本,并可根据具体客流需求,灵活扩展服务覆盖范围,进一步提高服务水平
济南	开放式	形成"主支结合"的 BRT 系统,实现同台、同向、免费换乘
常州	组合式	主线连接中心区与重点开发区及对外交通枢纽;连接线供给客流,拓展了 BRT 线路覆盖范围,提高了客流吸引力
厦门	封闭式主线+连接线	允许一些常规公交线路进入 BRT 专用道行驶,实现"同台换乘,一票多乘,免费换乘"

（3）快速公交线网的技术特征。

1）专用车道。

根据公交专用道在路段横断面中可能布设的位置,可将其分为如下四种。

① 路中式公交专用车道。

路中式公交专用车道是将双向公交专用车道布置在道路中央,其他非公交车道布置在专用道两侧的道路布设方式。

根据专用道相对隔离带的位置不同,专用道一般有两种布设方式：专用道在隔离带两侧和隔离带在专用道两侧,如图 6-2、图 6-3 所示。

图 6-2 专用道在隔离带两侧　　图 6-3 隔离带在专用道两侧

② 路侧式公交专用车道。

路侧式公交专用车道是将公交专用车道分别布设在机动车道外侧的道路布设方式,这是目前我国许多城市普遍采用的形式,如图 6-4 所示。

③ 次路侧式公交专用车道。

次路侧式公交专用车道是将外侧第二条机动车道作为公交专用车道,或者在原有外侧专用车道的右侧再开辟一条辅助机动车道。

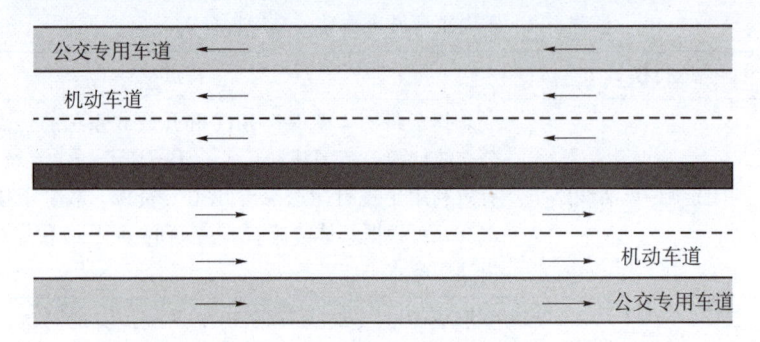

图 6-4　路侧式公交专用车道

这一道路布设方式的关键在于辅助机动车道的设置，该车道承担的主要功能是供出租车行驶，供沿街单位车辆和相交道路车辆进出，如果专用车道不允许常规公交使用，常规公交可借用辅助车道行驶，如图 6-5 所示。

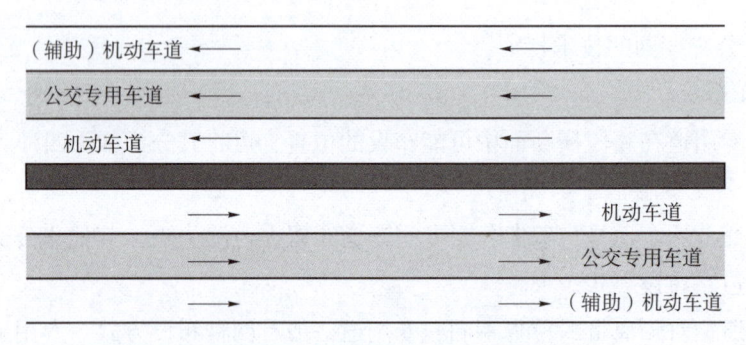

图 6-5　次路侧式公交专用车道

④双向同侧式公交专用车道。

双向同侧式公交专用车道是指将两条双向的公交专用车道全部布设在道路一侧，而另一侧则是混合交通的多条车道（双向）的道路布设方式，如图 6-6 所示。

图 6-6　双向同侧式公交专用车道

2）专用信号。

BRT 运用了专门的红绿灯进行智能化管理，享受交通信号优先行驶权，在快速公交距离信号灯 100~150 m 时，信号灯就会接到车体发出的信号，若此时正好为绿灯，绿灯将延长 8 s。若正好是红灯，红灯将缩短 12 s，以保证快速公交准时到达目的地，不再受误点、路堵、等红灯等问题的困扰。

3）优先信号。

BRT 是享有信号优先权的公共交通系统，然而信号优先权的不合理使用和信号周期的配时不合理，经常会造成整个道路系统的交通条件恶化，因此，需要合理地选用信号优先技术并优化配时方案。信号优先设计通常是在一定时间范围内让 BRT 车辆优先通过交叉口，并以交叉口实施 BRT 信号优先后人均延误时间最小为目标进行设计，从而确定 BRT 车辆延长绿灯的最长时间和另一个相位的最短红灯时间。然而，BRT 车辆在交叉口也会出现排队的现象，为了减少车辆在交叉口的延误时间，可以通过改善进口车道设计的方法加以实现。常用的方法有两种。①增加车道。在用地条件允许的前提下，扩宽进口道，增加一或两个车道。②设置两条停车线。为了减少 BRT 车辆在交叉口的延误时间，同时也为便于 BRT 的转向车辆顺利通过交叉口，减少与其他同向车辆的相互干扰，可以在进口道排队区设置两条停车线，前一条停车线用来控制 BRT 车辆，后一条停车线用来控制非 BRT 车辆，当红灯亮起时，非 BRT 车辆在后一条停车线前停止，使 BRT 车辆在进入排队区时可以根据运行方向分布在各个进口道等候通行信号。

（4）建立快速公交线网的可行性。

1）社会各界认同优先发展公共交通可以缓解城市交通拥挤的状况。北京市在公共交通优先方面做了大量工作，如开辟公交专用道，在一些禁止左转的路口允许公共汽电车左转弯，在快速道路的主路上开线、设站等。

2）快速公交线路具备可行性条件。近些年来，道路网系统不断完善，一些道路得到了拓宽，还修建了许多新的道路和立交桥，形成了一批可供连续通行的道路。

3）人们的出行距离呈现出不断增长的趋势。城市居民平均出行距离的增加，使大站距的快速公交线网具备了客流基础。

4）具有极高的性价比。根据国际统计，利用现有道路开辟公交专用道的成本只占城市轨道交通建设成本的 0.5%~1%，其输送能力是城市轨道交通的 20%~50%。

5）系统运送能力大。在条件许可的情况下，当公共汽车每小时达到 20 车次时，可以考虑开辟专用道；在每小时达到 40 车次时就有充分理由开辟专用道。香港薄扶林道的公交专用道，高峰小时流量达 80 车次，已成为公交优先的示范线路。

在道路拥挤严重的地段，应保证公交优先车道的负荷度低于 0.7，即 203 车次/小时。值得强调的是，上述计算是以路口优先措施为前提的，否则公共汽车不太可能达到 200 车次/小时的水平。

（5）快速公共交通线网的建设要点。

以城市土地利用布局和城市客流需求为出发点，综合考虑客流集散点的衔接以及城市道路网的资源，可确定快速公交线网走向应基本与远期城市轨道交通线网走向一致。快速公交线网应优先配置于城市主要发展轴上，体现城市布局结构，促进城市功能的完善；应与城市交通需求分布相吻合，与土地利用相协调，形成与城市开发互动的快速公交发展模式；应合理布局快速公交走廊、枢纽及车站，系统组织与其他交通方式的衔接，有效控制

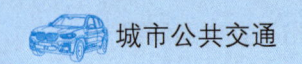

设施用地空间。

1）BRT专用车道。

根据所处道路空间的位置划分，BRT专用车道主要有中央专用道、路侧专用道、单侧双向专用道、逆向专用道4种形式，其特点如下。

① BRT中央专用道。

BRT中央专用道指将BRT专用道设置在道路中央，即将位于道路中央的车道提供给BRT车辆使用。设置BRT中央专用道会给乘客进出车站带来不便，通常需要设置过街天桥或地下通道，因而增加了BRT的建设成本。为避免行人过街设施的建设，可以将车站设置在交叉口处，这样乘客可以利用红灯时间上下车，降低车辆对信号灯正常变相的干扰，同时减少了由于信号优先给其他车辆带来的不便，但是为了保证乘客过街的安全，不管车站设置在路段的哪个位置都应修建过街设施。

② BRT路侧专用道。

BRT路侧专用道指将公交专用道设置在路段的两侧，即将位于道路外侧的车道作为公交专用道来使用。对于横断面形式为3幅路和4幅路的道路来说，如果没有非机动车道，则单向就有3个车道可以作为BRT专用道。

③ BRT单侧双向专用道。

BRT单侧双向专用道指将双向BRT专用车道都设置在路段的一侧，即将道路外侧的两个车道作为相向的BRT专用道路使用。对于3幅路和4幅路的道路来说，有设置这种专用道的可能性。

④ BRT逆向专用道。

BRT逆向专用道指BRT车辆行驶方向与其他车辆行驶方向相反。这种专用车道多出现在单行道路上，是为了保持BRT网络的连续性和最优性，在单行道路上开辟的BRT专用道。

2）交叉口的设计。

① 交叉口协调设计。

交叉口是BRT车辆在专用车道上运行时可能受到外界干扰最大的区域，也是其他车辆受BRT车辆运行影响最大的区域。交叉口设计的合理与否，直接影响整个道路系统的利用效率，因此，BRT专用车道经过的交叉口，尤其是平面交叉口，必须进行适当处理，使由于建设BRT而对道路交通系统造成的不利影响降到最低。交叉口协调设计是BRT专用车道规划工作中的一项重要内容，交叉口协调设计通常从信号控制设计和道路几何设计两方面入手。

② 非机动车道作为机动车道时道路交叉口的交通运行分析。

当非机动车道作为机动车道使用时，转向车辆的运行情况较复杂，车道出现的转向车辆与同向的部分直行车辆相互干扰，为了降低其不利影响，通常需要采取一定措施。

在路段中间路侧隔离带中开辟若干转向车辆的专用路口，此方法通常适用于BRT建设前和BRT专用道设置为中央专用道的路段。

增加车道或调整路侧隔离带在交叉口出口的位置，使需要进入主要车道的车辆有足够的空间变换车道。

设置专用转向信号灯。通常是当道路左转交通量较大时，在平面交叉口设置专用左转信号灯。

3）快速公交站点设置。

BRT 场站通常分为 BRT 首末站、中间站点、枢纽站以及停车场、保养场和修理厂六部分。其中首末站、中间站点、枢纽站统称为 BRT 站点，是为 BRT 提供客源的场所，也是给乘客提供 BRT 服务的起点。BRT 站点规划的合理与否直接影响着 BRT 的服务水平和服务质量。

① BRT 站点设置在路段纵向位置。

BRT 站点可以设置在交叉口上游、交叉口下游和路段中间。确定 BRT 站点在路段纵向的设置位置时需要综合考虑城市公交系统的网络衔接、站距、路段沿线客流分布、路段交通流特征，以及交通管理方式等因素。BRT 站点设置在交叉口附近有利于不同公交方式和不同方向线路之间的换乘，有利于缩短乘客的换乘距离和吸引不同道路方向上的客流。

② BRT 站点设置在路段横向位置。

BRT 站点在路段横向的设置位置由 BRT 专用道位置决定，通常有路中型、路侧型和次路侧型三种形式。

BRT 路中型和次路侧型站点受道路用地限制较大，当隔离带较窄时，为了降低 BRT 对道路交通的影响，在站点设计时，应在保证站点规模的前提下尽量减少并合理使用 BRT 用地，可根据以上分析结合具体道路、交通及交通管制情况合理选择 BRT 站点设置位置。

6.2.4 接运公交线网

接运公交是指以接运来自城市轨道交通、BRT、轮渡等干线、快速公交线路的乘客为主要功能的公共汽电车交通方式，是常规地面公交系统的一部分，与城市轨道交通线网共同组成城市轨道交通接运公交系统。进一步拓展，接运公交还包括出租汽车、网约车、公共自行车等城市公共交通服务形式。

大城市根据各自的城市条件，应逐步建立以公交为主体，城市轨道交通为骨干，各种交通方式相结合的多层次、多功能、多类型的城市综合交通体系。

（1）接运公交线网的作用。

城市轨道交通线路与公交线网的关系应定位为主干与支流的关系。城市轨道交通以服务城市主要客流走廊、主干路的中远距离客流为主，平均运距一般为 6~10 km，这样可以发挥其大运量、快速、准时、舒适的系统特征。公共汽电车运能低，但机动灵活，是承担中、短途交通运输任务的主力，为城市轨道交通等系统的客流提供接续服务，扩大城市轨道交通等系统的服务范围，为区域内乘客的出行提供便利条件。

加强城市轨道交通系统作为干线交通方式的功能特性。常规公交与城市轨道交通在城市客运系统中是位于不同层次、发挥不同功能、具有不同服务水平的交通模式，是线与面的关系，两者有机结合、相互补充、共同发展，对提高公共交通在客运市场中的比例，确立公共交通在城市交通中的主导地位将起到重要作用。城市轨道交通网络的建设具有投资大、周期长、对城市发展影响较大等特点，而常规公交的发展具有投资少、周期短、灵活性强等特点，两者虽不可同步发展，但彼此之间建立有效的衔接方式应在城市交通网络的规划中予以体现，尤其是在对站点周围土地的利用、规划方面，要对交通设施、场站用地加以控制，以促进公共交通体系的逐步形成。

(2) 接运公交线网优化。

目标函数为：

$$\max E_F(i) = \frac{\sum\limits_{\substack{j \in R \\ j \neq i}} [(q_{FR}(i,j) + q_{RF}(j,i)] l_R(i,j)}{l_F(i)} \tag{6-13}$$

式中　$E_F(i)$——由站点 i 始发的接运线路 F 的接运效率，人次；

　　　$q_{RF}(j,i)$——由城市轨道交通线路 R 的 j 站点上车，到接运线路的站点 i 下车的客流量，人次；

　　　$q_{FR}(i,j)$——由接运线路 F 的站点 i 上车，到城市轨道交通线路 R 的站点 j 下车的客流量，人次；

　　　$l_R(i,j)$——城市轨道交通线路 R 上从站点 i 到站点 j 的长度，km；

　　　$l_F(i)$——由站点 i 始发的接运线路 F 的长度，km。

其中：

$$q_{FR}(i,j) = OD_B(i,k)\delta_{FR}(i,k) \tag{6-14}$$

$$q_{RF}(j,i) = OD_B(k,j)\delta_{RF}(k,j) \tag{6-15}$$

式中　$OD_B(i,k)$、$OD_B(k,j)$——轨道交通线路站点与接运线路站点之间常规公交的客运需求量，人次；

　　　$\delta_{FR}(i,k)$、$\delta_{RF}(k,j)$——站点 $i(k)$ 和站点 $j(k)$ 间的城市轨道交通与接运换乘结合的出行方式竞争参数，若用最短路分配方法，则

$$\delta_{FR}(i,k) = \begin{cases} 1, t_{FR}(i,k) \leq t_B(i,k) \\ 0, t_{FR}(i,k) > t_B(i,k) \end{cases} \tag{6-16}$$

$$\delta_{RF}(k,j) = \begin{cases} 1, t_{RF}(k,j) \leq t_B(k,j) \\ 0, t_{RF}(k,j) > t_B(k,j) \end{cases} \tag{6-17}$$

式中　$t_{FR}(i,k)$、$t_{RF}(k,j)$——站点 $i(k)$ 和站点 $j(k)$ 间的城市轨道交通与接运换乘结合的出行方式的运送时间，h；

　　　$t_B(i,k)$、$t_B(k,j)$——站点 $i(k)$ 和站点 $j(k)$ 间竞争方式（类）的运送时间，h。

在优化的过程中要考虑的约束条件主要有如下几个。

轨道交通线路及其他干线站点和接运线路站点的客运能力限制。

接运线路的长度限制，一般来说，接运公交线路长约 6 km，不宜超过 8 km，线路过长可能使线路的功能复杂化。

接运线路自身的效益和它对轨道线路的作用都应足够大。

一般接运线路应避免与轨道线路（干线）竞争客流，优化搜索应在与轨道线路有竞争的区域之外进行。

(3) 出租车、网约车、公共自行车的优化。

数量的优化。出租车、网约车、公共自行车保有量要与区域出行人口数量相匹配。根据交通衔接点的交通量，可规划不同等级、不同规模的客运枢纽，发挥各种交通的集聚效应，加强系统之间的有效衔接。

站点的优化。通过对站点进行城市规划综合设计，合理组织换乘客流和集散人流的空间转移，达到系统衔接的整体优化，主动创造就近换乘条件。不断优化城市内部公共交通线路和站点的布设。

出租车、网约车的候客位置不能影响车道上车辆的通行，特别是不能造成交叉口堵塞。公共自行车停车位置应靠近干线车站站点，但不得影响行人的出行。

(4) 远郊支线公交网络。

远郊支线公交网络是市区公交网络的辅助系统之一，是另一种形式的接运公交线网。其特点是以快速交通为骨干，多种交通方式相互衔接、相互补充。

远郊支线公交网络旨在打造公交的"城乡一体化"局面，同时其也可大幅改善公共交通在服务方面的局限性。通过在城市和乡镇分别建立大型的中转换乘枢纽，能够配合公交线网实现城乡之间的良好衔接，形成以市区为重点、市郊协同发展、城郊一体化的"大公交"格局。

6.3 城市公共交通网络衔接

6.3.1 空间衔接

高密度、发达的大城市注重国铁、地铁、公交、小汽车等多种交通方式的无缝换乘，因而大都会进行立体化的综合交通枢纽建设。目前学界对于城市公共交通线路的衔接问题尚未形成统一标准，但这一问题已经引起了学者们的重视，成为其重点研究的方向之一。

(1) 研究的内容。

线路之间的空间衔接关系。在城市铁路、港口、机场、长途客运站等地大都汇集了多种交通方式，具有客流集中、换乘量大、流动性强、辐射面广等特点，易形成综合交通枢纽。城市轨道交通与常规公交应成为客运枢纽的主要运输方式。在公交枢纽站，要提供足够的场站用地和先进的设施，合理组织人流和车流，以达到空间立体化的有效衔接。城市轨道交通与其他交通方式衔接的模式一般可分为三种等级和规模：综合枢纽站、大型接驳站和一般换乘站。

载运工具运行时间的衔接。在交通换乘枢纽中要对不同交通方式的运行时间进行统一协调，在相互换乘的交通方式间要做到运能匹配，运能低的交通工具能够快速地为运能高的交通工具进行客流集散，以避免换乘站的乘客滞留。

集铁路、轨道、公路等多种交通方式于一体的大型综合交通枢纽是城市内外交通转换的重要设施，也是大量客货流集散的场地。交通场站则是处理各种交通方式之间客流转换的场地，有效处理各种交通场站与枢纽的关系能大幅度提高枢纽的客流集散能力。充分利用枢纽地区紧缺的土地资源并进行合理布局，通过合理的交通场站设施规划，实现枢纽内部各种交通方式之间客流的快捷、安全、高效换乘。

在平面上，布局宜采用近大远小的策略，简单清晰的场站布局能够方便乘客的使用。公交场站应设置在公交接驳需求最大的位置，以实现公交换乘时间最短和站内滞留时间最短的目标；应紧邻车站站房设置交通接驳设施，增加接驳场站的上客区面积，并与广场建筑道进行综合设计。在竖向上，应考虑将质量大的交通设施布置在地上，城市轨道和小汽车布置在地下。同时，还要综合考虑乘客换乘的方便性，甚至还要顾及设施景观和环境因素。

(2) 城市公共交通线路的空间衔接关系。

城市对外客运交通的重要节点，如机场、火车站、港口等，需要与城市公共交通线路相衔接，以使城市与外部的交通畅达。解决铁路、水运、公路及航空等对外客运交通方式与城市内部客运交通方式衔接问题的关键是城市对外交通换乘枢纽需要发挥相应功能。

城市公共交通线路之间也需要做好衔接，以使城市内部交通畅达。城市内部客运交通方式之间的换乘衔接主要包括城区公交换乘、城郊客运换乘，以及郊区之间的客运换乘。城区公交换乘主要是方便乘客在城区内部在各种类型公共交通方式之间的转乘；城郊客运换乘及郊区之间的客运换乘主要是解决城区内部与远郊区县以及远郊区县之间的客运转换问题，实现这一目标的主要运输方式为公路短途客运。

（3）城市公共交通线路空间衔接的问题。

公共交通线路衔接的问题主要是乘客换乘的便捷性，具体体现在以下几方面。

1）乘客步行的距离过长，换乘距离过远。

2）步行时间长且能量消耗大，如步行线路坡度大、无辅助设备等。

3）通道的通行能力不足，通道狭窄、扶梯数量少、运行慢，如图6-7所示。

图6-7　通道通行能力不足

4）舒适度差，如台阶过高、过长、乘客数量大、拥挤；空气调节不足；服务设施不足。

5）安全性差，如扶梯运行过快、无人看管。

6）指路信息不明确，如信息不足、不清楚。

7）经济性差，票价过高等。

（4）城市公共交通线路空间衔接的方法。

按线路系统形式不同，公共交通线路衔接的分类如下。

同种交通方式内的衔接，如地铁转乘地铁、公共汽车转乘公共汽车等。同种交通方式内的衔接可以分为同站台换乘、异站台换乘两种形式。同站台换乘一般适用于两条线路平行交织。乘客换乘时，由岛式站台的一侧下车，到站台另一侧上车，即可实现两条线路的换乘，极为方便。异站台换乘有一定的距离限制，一般两个车站的距离在几百米之内，有些异站台换乘还需要经过步梯、自动扶梯、步行通道等方式予以实现。

不同交通方式间的衔接，如地铁转乘公共汽车、公共汽车转乘轮渡等。不同交通方式间的衔接，必然要通过换乘通道加以实现。

（5）城市公共交通线路空间衔接的换乘通道。

换乘通道是指乘客从一种交通工具换乘到另一种交通工具所走行的通道。从空间布局而言，换乘通道可分为垂直通道和平面通道；从空间封闭程度而言，换乘通道可分为封闭通道、半封闭通道和敞开通道。在进出站通道中应将进出站的人流分开，立体布局的换乘通道需要布设自动扶梯等辅助通行设施，以提高通行的效率、降低乘客的疲劳程度。此外，换乘通道还应设置相关的残障设施以方便残障人士的出行。

通道的通行能力，受通道宽度、乘客运行速度、乘客携带行李安检、检票设备条件等多方面因素影响。此外，通道通行能力应满足远期高峰客流的通行需求。

通道的交叉干扰，如进出站、购票、问询、安检、检票等流线，以及换乘的多个方向客流之间可能存在交叉干扰。应该通过调整服务窗口位置布局疏解，或者通过立交疏解。

(6) 城市公共交通线路空间衔接站位的设置。

地铁出口至公交站台的距离，宜在 30~50 m 范围内。

地铁站出入口有自行车停车场，且不能妨碍行人步行。

出租车停车位，不得占用通行能力紧张的车道，不得妨碍道路上车辆的通行。

在路段上，同向换乘的车站之间距离不应大于 50 m，异向换乘距离不应大于 100 m；对置设站，车站应在车辆前进方向迎面错开 30 m。

在道路平面交叉口和立体交叉口上设置的车站，换乘距离不宜大于 150 m，最多不得大于 200 m。

交叉口的中途站点最好设置在距交叉口下游 50 m 以外的地方，对于车流量较大的主干道路，可以考虑设置在 100 m 以外。

长途客运汽车站、火车站、客运码头主要出入口 50 m 范围内应设公共交通车站。

城市公共交通线路空间衔接站位的设置，如图 6-8 所示。

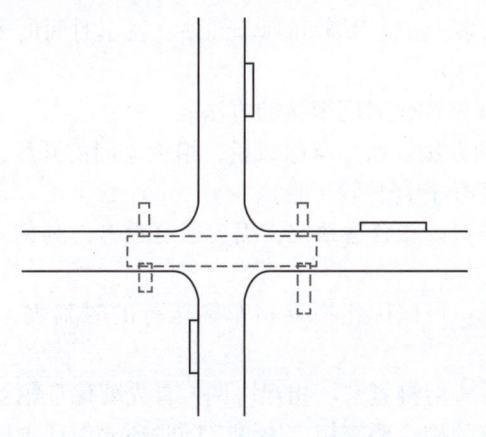

图 6-8　城市公共交通线路空间衔接站位的设置

6.3.2　时间衔接

在选用城市公共交通出行的过程中，乘客的候车时间长度大多被忽视。但在进行等候时间总量统计后，发现对该时间研究的意义还是很大的。

乘客在客运枢纽换乘的时间主要包括换乘步行时间与候车时间。换乘步行时间为乘客换乘地铁、出租车、常规公交等交通方式时由出站口步行到换乘地点的时间；候车时间为乘客等候车辆的时间，其中，如果乘客拥有私人交通工具，则无须等候。

解决乘客换乘的便捷性问题，除了要保证不同线路站点（乘降点）之间的空间距离近，还要尽量减少乘客的换乘等待时间，保证乘客总的在途时间短。

(1) 城市公共交通线路时间衔接的目标。

通过缩短乘客换乘等待的总时间，实现乘客总在途时间的减少。

乘客换乘时间包括车辆停车后下车（船）时间、步行时间、等候时间、上车（船）时间。

乘客在换乘中可分为集结过程和消散过程。以某种交通方式抵达客运枢纽的过程称为集结过程；以某种交通方式（或步行）离开客运枢纽的过程称为消散过程，如图6-9所示。

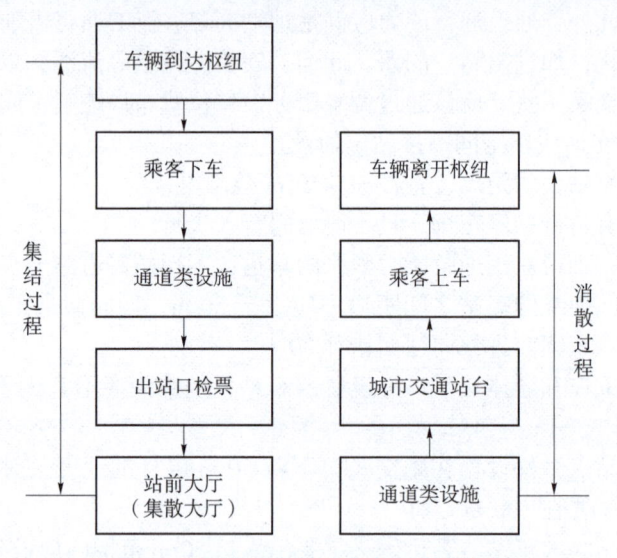

图 6-9 乘客换乘中的集结过程和消散过程

由以上分析可知，乘客上车、下车和列车到站、发车时间的衔接是各种交通方式运营时间衔接的主要内容。

（2）城市公共交通线路优化时间衔接的方法。

缩短上下车（船）的方法：增加车门数量，增大车门的开度，设置便利设施，减少交费等作业时间，组织乘客有序上下车（船）。

缩短步行时间的方法：设置合适站位，缩短通道距离，避免人流交叉干扰，设置步行辅助设施等。

缩短等候时间的方法：可以优化换乘站车辆运行的时刻表，保证车辆按行车时刻表（运行图）行车。

若要保证各种交通方式衔接紧密、相互协调，首先要保证枢纽内合理的设施布局；其次，运输组织内部各环节的构成要密切、协调，同时还要保证主导交通方式的畅通运行。

（3）基于换乘站乘客换乘的车辆行车时刻表。

保证乘客在换乘站换乘的必要时间，并尽可能地减少换乘乘客在站的等待时间，即以换乘站为核心站点，以干线时刻表为基准，安排在该站的衔接线路车辆的到（开）时刻表，并倒推至首末站发车时刻；然后，安排支线车辆在换乘站的时刻表，再安排支线首末站的到（开）时刻表。

基于换乘站乘客换乘的车辆行车时刻表，如图6-10所示。

图 6-10 基于换乘站乘客换乘的车辆行车时刻表

必须确保后一项的作业有充足时间，即应大于或等于前一项的作业时间，可表示为：

$$T_i + T'_{min} \leqslant T_1 \leqslant T_i + T'_{max} \tag{6-18}$$

式中　　T_i——客运枢纽内的主导交通方式在某时间段内第 i 车次的抵达时刻；
　　　　T'_{min}——乘客在换乘时由站台到达所需换乘工具站台所用的最短时间，min；
　　　　T'_{max}——乘客在换乘时由站台到达所需换乘工具站台所用的最长时间，min；
　　　　T_1——合理的发车时刻，以保证多数乘客换乘时间最少。

通过以上分析可知，城市交通方式的最短发车间隔可以以乘客在换乘时，由站台到达所需换乘工具站台所用的最短时间为依据。

6.4　城市公共交通系统评价

6.4.1　城市公共交通系统评价的意义

（1）城市公共交通系统评价的意义。

城市公共交通系统的评价是一项综合性、社会性很强的工作。其评价的主要目的如下。

1）在充分了解城市公共交通系统中存在的问题和发展特点的基础上，全面、系统地确定城市未来公共交通发展的基本思路、发展方向和规划目标等，进一步改善和优化城市交通条件，体现公共交通优先发展的理念。

2）对公共交通现有的规模、布局与城市发展需求的适应程度、公交线网的性能和乘客满意度等内容做出定性和定量分析，为今后城市公共交通的建设发展提供决策依据。与此同时，城市公共交通系统的评价还应考虑乘客利益和公交企业的效益。

3）通过分析评估乘客和公交企业两方面的受益情况，来衡量城市公交网络的现状，发现现存的主要问题，并找出解决问题的有效途径。

由此可见，城市公共交通系统评价的目的是找出目前城市常规公共交通发展存在的主要问题，研究如何才能使城市公共交通成为带动城市社会经济健康良好发展的主要手段，并给城市交通发展指明方向、为决策部门提供决策依据、为经营部门提供经营策略，还可以向乘客宣传公共交通的优势以便吸引客源。具体而言，城市公共交通系统评价研究的重要意义如下。

1）合理有效地利用有限的城市公共交通资源和空间，优化城市结构，引导城市空间向合理方向发展。

2）完善城市交通环境，提高公交企业的经济效益和社会效益，促进城市经济的发展和居民生活水平的提高。

3）最大限度地提高现有交通资源的利用效率，缓解业已出现的交通供求矛盾，避免资源的浪费，降低能源消耗，减轻由交通引起的城市环境质量持续恶化的影响。

4）帮助交通规划、建设、管理等相关部门建立系统工程的概念，以及解决城市交通问题的总体思路，给出解决城市交通问题的总体框架并规划城市交通管理的发展前景，引导城市交通管理的科学化、现代化进程。

5）对提出变更的公共交通线网方案进行评价，分析其合理性，比较不同方案的优劣之处，判定方案是否值得推广应用。

6）对制定线网变更方案的相关工作给予评价，以此作为是否支付专家费用的依据。

（2）公共交通线网变更方案的评价方式。

1）纵向比较（前期已有的在运行项目）。

①对同一研究对象不同历史时期的指标进行比较，对指标变化的合理性进行判定。

② 将待实施的方案与目前数据进行比较，评估方案的优势所在。
2）横向比较（新建项目）。
① 对项目的多个方案进行比较，以便选优。
② 当只有一个方案时，可与其他城市的类似项目进行比较，以判断方案是否合理。
③ 与项目的目标指标相比，以评估方案的满意程度。

6.4.2　城市公共交通系统的评价流程

城市公共交通系统的评价流程如图 6-11 所示。

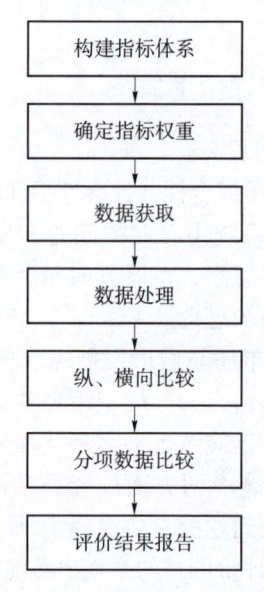

```
构建指标体系
    ↓
确定指标权重
    ↓
数据获取
    ↓
数据处理
    ↓
纵、横向比较
    ↓
分项数据比较
    ↓
评价结果报告
```

图 6-11　城市公共交通系统的评价流程

6.4.3　城市公共交通系统的评价指标

城市公共交通系统的评价指标体系由公交网络技术性能、经济效益水平、公交服务水平和可持续发展水平等方面构成，如表 6-5 所示。

表 6-5　城市公共交通系统的评价指标体系

目标层	指标层	指标含义
公交网络技术性能	公交线网密度	反映居民接近公交线路的程度
	公交线路重复系数	反映公交线路运力的浪费程度
	非直线系数	反映公交线路的绕行情况
	公交站点服务率	反映公交服务能力的大小
	公交线网效率	反映城市公交客运实际能力的一个重要指标
	公交线路客运能力	反映公交系统的载客能力
	运营速度	反映公交车辆运送乘客的快慢程度

续表

目标层	指标层	指标含义
经济效益水平	百车千米成本	反映公交线路运营效益的优劣程度
	完好车率	反映公交运营现状
	全员劳动生产率	反映公交线路经济效益的好坏程度
	居民年乘公交次数	反映公交利用程度
	平均车日行程	反映车辆实际运送乘客的快慢程度
	公交企业收益率	反映公交企业生产运营状况的综合指标
	里程拥有率	反映车辆总行程的有效利用程度
	公交车辆拥有率	反映公交发展水平和交通结构状况的指标
公交服务水平	万车事故率	反映城市交通安全的情况
	乘客出行平均时耗	反映城市居民出行的快捷性
	行车准点率	反映公交车辆正点运行的程度
	客运费率	反映乘客对公交客运票价的承受能力
	乘客平均换乘系数	反映乘车方便程度
	全天线路满载率	反映营运车辆全天载运乘客的平均满载程度
	安全运行间隔里程	反映公交运营过程中的安全状况
	高峰满载率	反映公交车辆内的拥挤程度
可持续发展水平	土地利用吻合程度	反映公交规划与城市总体规划的吻合程度
	公交车辆更新率	反映保证公共交通安全的主要措施
	公共交通分担率	反映公交优先发展的程度
	人均公交道路面积	反映公交道路对城市土地的占用情况
	公交道路环境污染系数	反映公交系统对环境的污染情况
	公交能源消耗系数	反映公交系统对能源的消耗程度
	交通时空资源消耗指数	反映城市公交道路时空资源利用的效率

(1) 公交网络技术性能的评价指标体系。

城市公共交通系统的技术评价是指从公共交通系统的技术性能方面，分析公共交通系统的内部结构和功能的合理性，为公共交通系统的优化及决策提供技术依据。从根本上讲，公共交通系统的社会效益和公交企业的经济效益如何，首先取决于公共交通系统的技术性能。因此，城市公共交通网络的技术性能评价是城市公共交通系统评价中不可缺少的重要组成部分之一。城市公共交通网络的技术性能评价主要是从网络结构、系统容量、运行质量、服务质量等方面对城市公共交通系统进行综合评价。

（2）经济效益水平的评价指标体系。

城市公共交通系统应当是在快捷、方便、舒适、经济的条件下实现人移动的经营活动，并达到经济效益、社会效益和环境效益的统一，以适应市场经济体制的建立、改革与发展的进程。城市公共交通系统在保证整体社会效益的同时，必须保持其赖以生存和发展的经济效益。虽然公交企业有一定的财政拨款，但其主要资金来源仍是业务收入。特别是处于市场经济中的公交企业，讲求经济效益对于自身的发展而言十分重要。公交企业的经济效益评价主要从企业的设施以及人力资源的运用效果和运营效果来进行。

（3）公共交通服务水平的评价指标体系。

城市公共交通是城市公益事业，是城市文明建设的窗口，其服务水平的好与差，直接关系到社会政治、经济秩序的正常和稳定，关系到城市的声誉和形象。公共交通的主体是城市居民，对乘客来说是否选择公交作为出行的交通工具关键在于其提供的服务是否能满足他们的需求，因此，公共交通系统的服务水平是评价指标体系的重要组成部分。

（4）可持续发展水平的评价指标体系。

城市公共交通系统的可持续发展是以先进的科学技术为基础，在资源合理利用和生态环境保护的思想指导下，提高公共交通系统利用效率和服务水平，在经济、合理地满足当前社会发展需求的同时为整个社会的可持续发展提供保证。可持续发展的城市公共交通是在促进交通系统建设与发展的同时，重视对城市生态环境的保护和资源的优化利用，在重视交通系统建设的同时，重视交通设施利用效率的提高，使交通系统在满足近期要求的同时，还要符合城市社会、经济、生态环境综合系统可持续发展的整体要求。

6.4.4 城市公共交通系统评价中的一些问题

（1）权重指标的确定。在评价过程中，评价指标的选取是前提，权重系数的确定是关键。评价指标分为定性指标和定量指标两类。评价指标权重的确定应既能反映评价对象自身的特点和所处的环境，又能体现评价主体的意图和策略。权重指标的确定方法可以分为三类：主观赋权法、客观赋权法和组合赋权法。确定科学合理的权重指标这一问题一直未能得到很好的解决，目前看来，完善和改进原有评价指标体系以平衡各投资主体的关注重点，适应不同时期的特点非常必要。

（2）定性数据的量化。要量化各项评价指标，必须首先确定相应的量化标准。每项评价指标都应有详细的评价标准，对于可用货币、时间、材料等衡量的指标，可进行定量的分析评价；对于社会环境等方面的影响评价，则只能先做定性分析，然后再确定量化方法；对每项评价指标，均须规定计算方法，并对评价标准做出恰当的说明，评价标准确定后，就可依据该标准对评价指标进行划分。在确定评价指标的量值时，可采用直接定量、模糊定量或等级定量等方法，视具体指标的特点分别加以应用。

（3）交通基础数据缺乏。对公共交通网络变更方案进行评价时需要大量的交通基础数据作为支撑，包括项目周边的道路流量、居民出行特征、不同区位建筑物的交通发生与吸引率等，这些数据组成了城市交通基础数据库。但是由于我国开展交通研究的时间有限，相关机构对交通调查的重视程度不够，建立了交通基础数据库的城市少之又少。在交通基础数据积累不足的情况下，实践中只能采用类推或参考的方法，而此方法又导致交通预测存在很大的主观性，最终影响方案评价工作的精确性和科学性。

知识小结

学习本章后，应掌握城市公共交通的基本概念，能够分析城市公共交通系统的构成，初步了解各种公共交通方式存在的适应性。通过学习城市公共交通的发展历史，了解科学技术的进步引起的交通方式的变革，同时应明确，城市人口的发展会进一步带来交通问题。

思考题与练习题

(1) 试分析你所在城市公共交通系统的构成。
(2) 我国大中城市普遍有发展城市轨道交通的意愿，是否都应该投建，为什么？
(3) 在城市公共交通系统中应用了哪些高新技术？
(4) 城市公共交通如何体现其设计方面的人性化或人文关怀？
(5) 未来的城市公共交通可能的发展趋势有哪些？
(6) TOD 需要交通起到"先行、引导"作用，而此时的交通并不是最优，为什么？
(7) 接运公交线网如何与干线线网协调发展？
(8) 出租车作为接运公交系统应如何配置？
(9) 试分析出租车与网约车的竞争和发展趋势。
(10) 如何做好不同交通方式线网之间的衔接？

第 7 章 城市公共交通系统运营管理

> **学习目标**
>
> （1）了解公共交通企业生产管理系统的构成。
> （2）完成公共交通企业生产计划的制订。
> （3）能够进行企业的生产调度指挥和日常统计。
> （4）理解票价对客流的影响，并相应地设计票制、制定票价。

本章的学习重点与考核权重如表 7-1 所示。

表 7-1 学习重点与考核权重

能力目标	知识要点	权重
了解公共交通企业生产管理系统的构成	公共交通企业生产管理系统的构成	0.1
制订公共交通企业的生产计划	载运工具、生产定额、客流量、班次、时刻表	0.4
进行企业的生产调度指挥	派班计划、应急调度	0.4
能够设计票制、制定票价	票制、票价	0.1

引 例

（1）北京公共交通控股（集团）有限公司成立于 1921 年，是以经营地面公共交通客运业务为依托，多元化投资，多种经济类型并存，集客运、汽车修理、旅游、汽车租赁、广告等为一体的国有独资企业，是北京地面公交的经营主体。截至 2023 年年底，企业资产总额 665.77 亿元，净资产 457.22 亿元；全员人数近 7.89 万人，营运车辆 2.34 万辆；常规公交线路 1 285 条，线路长度 2.97 万公里；运营西郊线和亦庄线 2 条现代有轨电车线路，定制公交和多样化线路 799 条，通学公交运营线路 48 条。2023 年，企业营运车辆总行驶里程 11.51 亿公里，年客运量 20.87 亿人次。

（2）据《大河报》2022 年 7 月 20 日的报道，河南省郸城县公共交通服务有限公司因运营困难、亏损严重，驾驶员离职较多，部分线路很难坚持运营，故暂停运营 3 路和 6 路公交车。3 路和 6 路车也曾创造过辉煌，票价 1 元的时候经常爆满，后来票价涨到了 2 元，乘客越来越少。至于涨价的原因，公司解释说政府该给的补贴没有到位，驾驶员因工资低而离职，为了保证线路运营只能涨价，可是涨了价又丢了乘客，他们也很无奈。

7.1 生产计划

城市公共交通企业经营多条运输线路，组织多个载运工具和众多员工完成运输任务，满足大量乘客不断变化的出行需求，这是个庞大繁杂的系统工程，需要做好精细的生产计划才能使各个生产部门协调配合、有秩序地运行。

城市公共交通企业规模大小不同，设置层级不同，生产计划的种类和任务也不同。对于城市公共汽车运输企业而言，其生产计划一般可分为企业级、分公司级、车队级三个层级，相应的计划内容也依次由宏观管理转向具体管理。以公共汽车运输企业的车队级管理为例，制订生产计划，首先要掌握公共汽车的运行参数。

7.1.1 载运工具的运行参数

每一种载运工具在线路上、场站里运行时，都有其基本参数，如几何尺寸、自重、载重、最大速度、加速度、制动距离、回转半径、整备时间（周期）等。

载运工具的运行参数有定员、满载率、计划车容量、营运速度、单程运行时间、周期、发车间隔等，作为运营中编制生产计划的依据，运行参数又称生产定额或定额标准。

（1）单程时间。

单程时间是指车辆在一个单程的运输工作，由始发站发车开始到终点站停靠好为止所耗费的时间。单程时间包括载运工具在行驶线路上的行驶时间及其在中间站的停站时间。

（2）停站时间。

停站时间是指载运工具在车站的停靠时间，包括乘客进行乘降作业的时间、其他阻碍出发的等待时间、运行调整时间等。车站客流规模不同、线路数量不同，产生的停站时间不同；客流的高峰期、平峰期客流量不同，载运工具停站时间也不同。其中，公共汽车在首末站的停站时间包括司乘人员接受调度命令、票款交接、车辆清扫、掉头（折返）作业等的时间。

（3）周转时间及周转系数。

周转时间是指在一般的客运生产组织条件下，载运工具由首站发车时起，至下一次由首站发车时止所用的最短时间。周转时间越短，说明载运工具运用效率越高，需要数量越少。周转系数反映的是单位时间内载运工具的周转效率。其数值越大，说明载运工具的周转越快，系统需要的载运工具数量越少。周转时间和周转系数的计算公式为：

$$周转时间 = 首末站停站时间 + 上下行单程时间 \tag{7-1}$$

$$周转系数 = 60/周转时间 \tag{7-2}$$

（4）满载率。

满载率是指载运工具运载乘客的平均满载程度，可简单地理解为车上乘客实际人数与定员数之比；也可以用乘客周转量占客位周转量之比来精确体现满载程度。

$$满载率 = \frac{乘客周转量}{客位周转量} \tag{7-3}$$

企业为保证客运车辆的营运效率，并兼顾乘客候车乘车的舒适度，在不同时段设置不同大小的满载率参数，称为满载率定额。

（5）计划车容量。

计划车容量是在生产计划期内，在制订行车作业计划的过程中，考虑载运工具使用的经济性等因素，指定其载客容量的定额标准。因不同时段的满载率定额不同，所以计划车容量也不同。

$$计划车容量 = 车厢定员人数 \times 满载率定额 \tag{7-4}$$

式中 车厢定员人数——载运工具内设置固定座位数和有效面积上的站立位置数之和。

（6）行车间隔。

行车间隔是指线路上先后运行的载运工具间隔时间。计算方法为：

$$行车间隔 = \frac{60 \times 计划车容量}{最高路段单向通过量} \tag{7-5}$$

（7）线路车辆数。

为满足客运生产，一条客运线路需要保有一定数量的载运工具，车辆状态包括上线状态、备用状态和修理状态三种。为满足不同时段客流需求，调度派出上线车辆的数量不同。

（8）行车频率。

行车频率是指单位时间内通过某运营线路某一区间的车辆的次数。

$$行车频率 = \frac{60}{行车间隔} \tag{7-6}$$

行车频率具有时间性、方向性、区间性特征，即在不同的时间、方向、区间，行车频率可能不同。

行车间隔的分配是指对行车间隔计算值的分配，对呈现小数的行车间隔值进行取整数处理，并使其确定为适当数值以便于行车调度掌握。一般是根据实际需要，将一个整数行车间隔分为其他大小不同的整数行车间隔。

行车间隔排列是指根据客流需要和一定的原则，将分配结果得到的大小不同的行车间隔进行次序排列。

行车间隔排列的原则是根据某时段的客流变化趋势来安排合适的间隔时间。当客流从低峰向高峰过渡时，行车间隔按由大到小的顺序排列；客流从高峰向低峰过渡时，行车间隔按由小到大的顺序排列；客流变化不大时，行车间隔大小相间排列。

（9）营运速度。

营运速度是指载运工具在线路上往返行驶时的周转速度，是能够体现车辆运用效率的指标之一。

$$营运速度 = \frac{上下行线路长度}{周转时间} \tag{7-7}$$

7.1.2 生产计划

行车作业计划是生产计划的主要内容之一，是指公共交通企业在已定线网布局的基础上，根据运输生产要求和客流基本变化规律来编制的指导线路运输作业的计划，是企业组织运营生产的基本文件。

行车作业计划的主要内容包括载运工具配置型号与数量、线路经由、公共交通班次计划（行车时刻表）、人力配备等。

公共交通车辆班次计划编制工作是公共交通运营的一项必要的日常工作,传统方式主要以调度员人工经验为主导,但因限制条件的复杂性,其编制过程费时费力,因此,人工完成班次计划的编制工作非常困难且无法达到高效、合理、节省的目标。随着大数据、云计算、互联网、物联网等信息化技术的不断发展,为了进一步提高城市公共交通智能化水平,依托信息化技术,结合客流特征与需要满足客流的服务指标,可以实现公共交通车辆班次计划的自动编制。

以下以城市公共汽车交通系统一条客运线路的生产计划编制为例进行说明。

(1) 编制原则。

依据客流动态变化规律,保证最大限度地方便乘客出行和最短的乘行时间,达到安全运送旅客的目的。

调度形式的选定,要适合客流需要和有利于加快车辆周转,提高营运效率。

充分挖掘车辆的营运潜能,不断提高劳动生产率。

组织有计划、有节奏、均衡的运输秩序。

在不影响服务质量的前提下,兼顾职工劳逸结合,安排好行车人员的作息时间。

根据季节性客流变化来适时调整生产计划,根据每周、每日的不同客流量,制定并执行不同的计划安排。

(2) 编制程序。

客运线路生产计划编制流程如图 7-1 所示。对前两步做详细说明如下。首先,确定行车原始数据,即确定线路的经由、使用车辆规格、载客定员、满载率指标、行程时间、周转时间等;调查预测线路上的客流量,以便确定车辆需要数量。其次,确定车辆运行的调度形式,即安排普通车辆、大站快车、区间车等。一般而言,因为城市居民的生产生活基本稳定,线路上客流总是呈现一定的规律,调度形式一旦形成,也就基本稳定下来。又因为公共交通企业开行的线路是对社会公众的一种承诺,线路上车辆调度形式不宜经常变更。

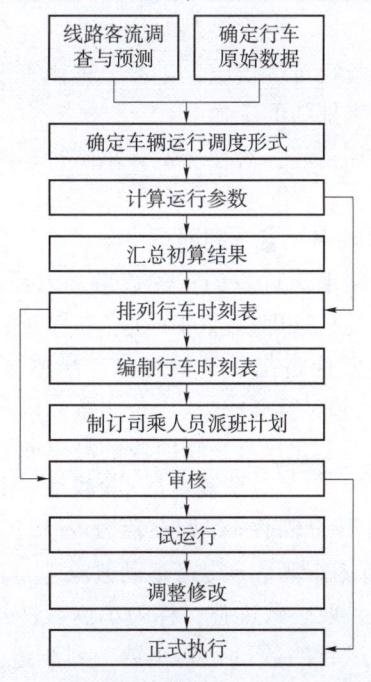

图 7-1 客运线路生产计划编制流程

(3)编制内容。

城市公共汽车的行车作业计划是在既定线网布局的基础上,根据运输生产计划要求和基本的客流变化规律来编制的生产性作业计划,其主要内容为行车时刻表和司乘人员的派班计划。

(4)行车时刻表。

行车时刻表是基于线路运营条件、乘客需求、合理的运营服务水平编制的,编制行车时刻表是城市公共交通企业管理的基础工作,用以组织和指导公共交通运营生产的全过程,从而保证城市公共交通系统的稳定运行。某市7路公共汽车行车时刻表如表7-2所示。

表7-2 某市7路公共汽车行车时刻表

班次	第一趟时间		第二趟时间		第三趟时间		第四趟时间		第五趟时间		第六趟时间	
	富春	红旗	富春	红旗	富春	红旗	富春	红旗	富春	红旗	富春	红旗
1号车		6:30	7:15	8:30	9:20	10:30	11:20	12:40	13:30	14:35	15:25	16:25	17:20
2号车		6:50	7:35	8:50	9:40	10:50	11:40	13:00	13:50	14:50	15:40	16:40	17:40
3号车		7:10	8:00	9:10	10:00	11:10	12:00	13:20	14:10	15:10	16:00	17:00	18:00
4号车	6:30	7:30	8:20	9:30	10:20	11:30	12:20	13:40	14:30	15:30	16:20	17:20	
5号车	6:40	7:50	8:40	9:50	10:40	11:55	12:45	14:00	14:50	15:50	16:40	17:40	
6号车	6:55	8:10	9:00	10:10	11:00	12:20	13:10	14:20	15:10	16:10	17:00	18:10	

行车时刻表的分类有车辆行车时刻表和车站行车时刻表两种。车辆行车时刻表用于司乘人员掌握车辆在各个站点的到发时刻,而车站行车时刻表用于站务人员和乘客掌握车辆在某站的到发时刻。

城市轨道交通系统由于涉及行车、供电、工务、车辆等多个部门,需要编制列车运行图,以图解的形式组织、协调多部门的工作。

随着人们对时间的要求愈加精确,对社会发布车站行车时刻表,并按表行车是公共交通企业提高服务质量的措施之一。

(5)车辆数的计算、行车频率、发车间隔。

车辆数是指某一时段在线路上运行着的车辆数量,以及为了保证系统运行秩序稳定,需要保有一定数量的在维修厂处于修理状态的车辆、在停车场等地点备用的车辆。线路运行车辆数依据高峰时段的高单向通过量、车辆定员、满载率、周转系数等求得,在修车数、备用车数依据线路运行车辆数与在修系数、备用系数确定,用计算式可表示为:

$$线路运行车辆数 = \frac{高峰时段的高单向通过量}{车辆定员 \times 满载率 \times 周转系数} \quad (7-8)$$

$$在修车辆数 = 线路车辆数 \times \alpha_{在修系数} \quad (7-9)$$

$$备用车辆数 = 线路车辆数 \times \alpha_{备用系数} \quad (7-10)$$

计算车辆需要数量时均应采取小数进整,称为车辆数量的调整值。而城市轨道交通列车是固定编组的,计算线路上运行的数量是列车数,列车进入车辆段检修也是整列进行,因此备用车是整列状态完好的列车。

(6) 行车频率、发车间隔的调整。

由于线路车辆数采用了调整值,行车频率和行车间隔也需要采用调整值,其计算方法为:

$$行车频率调整值 = 线路车辆数的调整值 \times 周转系数 \quad (7-11)$$

$$行车间隔调整值 = \frac{某时段时长}{该时段行车频率调整值} \quad (7-12)$$

(7) 关键站点的选定。

一般情况下,车辆由首站(末站)开出,即投入客运生产,直到末站(首站)结束,首末站即为入线站点或离线站点。为了加快车辆运行频率,及时到达客流较大站点,一般在车辆越过几个站后才视之为投入客运生产,则开始算作客运生产的站点即为入线站点,以后不再进行客运活动的站点即为离线站点。

选定入线站点和离线站点的影响因素有各站点的客流量、站点客流异动、行车间隔、车辆满载情况、车辆经由线路条件等。

(8) 主要时刻的确定。

车辆运行的关键时刻有出场时刻、回场时刻、入线时刻、离线时刻、发车时刻、到站时刻等。

停(存)车场与首末站可以不在同一地点,即便在同一地点,车辆也不可能在车站泊位上。故车辆由停(存)车场运行至站台泊位需要一定时间,为保证按行车时刻表发车,需要确定车辆由停(存)车场的出场时刻,同理也应确定回场时刻。

(9) 车辆运行组织。

1) 正班车(全程车)的组织。

开设公共交通线路的基本原则是满足绝大多数乘客的需求,同时兼顾企业客运生产的经济性等,需要做到以下几点。

①保证车辆全程运行,即满足乘客的可达、直达需求。

②保证每个车站的乘客乘降。

③保证每辆车上载客量(满载率)不超过标准,不使车辆上的乘客过于拥挤或车辆过于空闲。

④保证前后车之间的间隔时间不超过标准,乘客候车时间不宜过长。

⑤在线路上各个区间、站点客流差异不大的情况下,针对不同时段、不同规模客流量,分别制定车辆运行时刻表。

2) 开行区间车的方法。

分析客流规律可发现,当线路上客流分布不均匀时,特别是连续的几个区间客流量较大、车站到发量较大时,可考虑开行区间车,即车辆在全线的某一段往返运行,进行客运乘降作业。开行区间车可以避免在另一部分区间上运力的虚弥,提高车辆利用效率。开行区间车的判断指标与准则如表7-3所示。

表7-3 开行区间车的判断指标与准则

判断准则	指标	说明
站段通过量差	站段客流差≥(2~4)倍计划车容量	当满载率定额较高时取较小值,反之取较大值
站段不均匀系数	站段不均匀系数≥1.2~1.5	

组织区间车运行区间的步骤如下。

①分别计算线路上行和下行的各站段客流差或路段不均匀系数。

②依据判断准则,任选一条准则来初步定出区间车运行的路段及站点。

③综合考虑线路站距、掉头车站,以及调度工作方便等因素,拟定可行的运行路段及站点。

④确定区间车的运行定额和参数。这些定额主要包括区间单程时间、起点站停站时间、掉头调整时间及周转系数、计划车容量。

⑤编制区间车的行车作业计划。

⑥区间车最好另行编订线路名称,而不用"××路区间车",以免乘客误解。

3)大站快车的选定方法。

当线路上客流分布不均匀时,特别是不相邻的若干车站客流量较大时,考虑开行大站快车,即车辆在某些客流量小的车站不停车,只在客流量大的车站停车进行乘客的乘降作业。开行大站快车可以加快乘客送达速度,提高车辆利用效率。开行大站快车的判断指标与准则,如表7-4所示。

表7-4 开行大站快车的判断指标与准则

判断准则	指标	说明	沿线客流特征与运行效果
站点不均匀系数	站点不均匀系数≥1.4~2.0	当满载率定额较高时取较小值,反之取较大值	若干站点乘客集散量超过各站平均集散量,并且长乘距客流较多,可考虑开行大站快车,以缓和乘车拥挤,消除留站现象
方向不均匀系数	方向不均匀系数≥1.2~1.4		线路两个方向的客流很不平衡,在客流较大的那个方向考虑开行大站快车,以加速车辆运转速度,节省运力

考虑是否开行大站快车的步骤如下。

①计算站点不均匀系数或方向不均匀系数。

②根据表7-4做相应处理。

③确定大站快车运行定额和参数。这些参数主要包括单程时间、始末站停站时间、周转时间及周转系数、计划车容量等。

④编制大站快车的行车作业计划。

⑤分析线路上的客流特征,在剔除区间车客流、大站快车客流后,所余下的客流即为普通客流,其数量用于确定正班车开行方案。

⑥区间车、大站快车应与正班车交替开行,以保证普通客流乘客的车站候车时间在合理范围内。

(10)派班计划。

派班计划是为了实现行车计划表所规定的行车计划,对驾驶员与售票员等人员的(司乘人员)出乘做出安排的计划。派班计划要求调度员能够确保为行车计划中每个车次都安排司乘人员,同时,要动态掌握驾驶员状态,合理安排司乘人员的劳动量,提高人员工作效率。

劳动班次表(见表7-5)是派班计划的具体体现,调度员通过发布调度命令等形式通知司乘人员开行车辆,执行行车计划。

表 7-5　××路××日劳动班次表

班次 （司乘人员编号）	车号	到场		出场		站发时间	交接班		全日工时	班型
		时间	站点	时间	站点		时间	地点		
1	4号车	6:10			富春	6:30	13:05	红旗		正班
2	5号车	6:20			富春	6:40	13:30	红旗		正班
3	6号车	6:35			富春	6:55	13:55	红旗		正班
4	1号车	6:10			红旗	6:30	12:05	红旗		正班
5	2号车	6:20			红旗	6:50	12:25	红旗		正班
6	3号车	6:50			红旗	7:10	12:45	红旗		正班
7	4号车	12:20			红旗	12:40	18:05	富春		正班
8	5号车	12:40			红旗	13:00	18:25	富春		正班
9	6号车	13:00			红旗	13:20	18:55	富春		正班
10	1号车	13:20			红旗	13:40	18:05	红旗		正班
11	2号车	13:40			红旗	14:00	18:25	红旗		正班
12	3号车	14:00			红旗	14:20	18:45	红旗		正班

注：司乘人员提前 20 min 到场；退乘后交接班并开展业务学习 1 h。

司乘人员的劳动时间不能超过规定时间，如每日工作 8 h 或工作 12 h 等，考虑到司乘人员出车前需要对车辆状态进行检查等工作，其工作时间范围实际超过行车时刻表中车辆的运行时间。

随着科学技术的进步，派班计划等工作也已经能够实现由计算机编制。

7.2　调度工作

7.2.1　调度工作的作用

公共交通企业是在广阔的空间内进行生产经营的企业，各种因素的变化都可能造成其运力需求的波动，需要调度指挥人员及时调整载运工具的使用。调度工作的目的如下。

（1）合理编制行车时刻表。
（2）监视载运工具运行状态。
（3）保持运营生产稳定。
（4）保证运营生产需完成指标的合理性。

7.2.2　调度工作组织形式

（1）调度工作的层级。
城市级。制定城市公共交通宏观政策，解决不同公共交通方式间的协调问题。
企业级。制定企业经营策略，分配企业运力资源。图 7-2 说明了城市公共交通企业的调度系统构成。

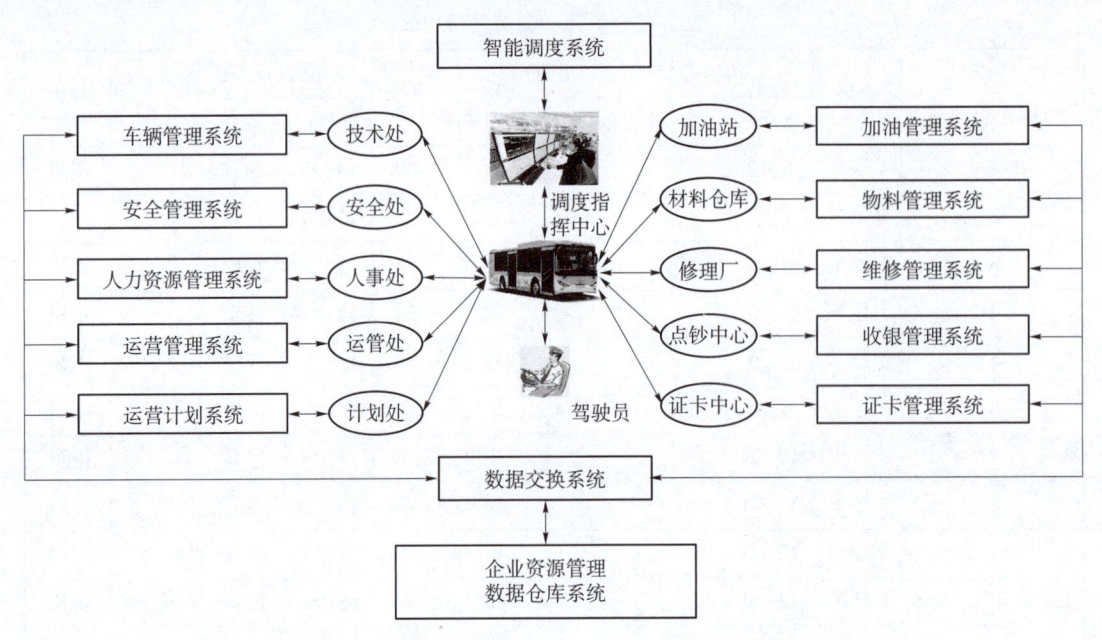

图 7-2　城市公共交通企业调度系统结构示意图

车队级和线路级。负责管理一条或几条线路日常的运营生产秩序、运力调配等，又称现场调度。

（2）现场调度的含义。

现场调度是指在运营线路的行车（船）现场，调度人员为了使营运车辆（客船）的运行与客流变化相适应，依据行车组织实施方案（如行车作业计划），直接对营运车辆及有关人员下达调度指令等一系列活动。它是城市公共交通运营管理系统中的最基层的重要管理工作。

（3）现场调度的任务。

现场调度的任务是在运营线路的现场，根据客流变化、行车线路状况与行车计划方案的要求，通过对车辆和人员下达调度指令，使运营作业计划、行车组织方案在实施过程中发挥其组织、指挥、监督和调度的作用；充分利用车辆的运载能力，满足乘客的服务需求，保证运营活动的正常进行，保证完成企业既定的目标。

（4）现场调度的内容。

现场调度的主要内容是常规调度，保证行车秩序正常；在出现秩序异常的情况下，尽快使行车秩序得以恢复。包括行车间隔的正常化、行驶时间的延长或缩短、运输能力的增减、行驶路线的变动和异常调度等。

7.2.3　线路运营的正点行车管理

（1）正点行车的基本含义。

营运车辆沿线路按照规定的时间运行，称为正点行车。具体掌握有"三点正点"：出发正点、中途正点和终到正点，即在始发站车辆起动出发时正点；在中途的某些控制站点车辆起动出发时正点；在终到站车辆到站停稳乘客开始下车时正点。

公共交通企业要求驾驶员要控制行车正点，这样能够保证行车秩序，便于乘客安排自己的出行和日常生活。

(2) 行车正点的标准。

统计正点是指车辆实际到发时刻在行车时刻表规定时刻的一定范围内,过早或过晚到发都统计为晚点。比如,某企业规定车辆早到不超过 3 min、晚到不超过 1 min 均统计为正点,在范围之外均为晚点。这个范围因企业不同而不同。

(3) 正点率。

正点率是城市公共交通企业在执行行车计划时,实际行车正点次数与计划出发(总行车)次数的比率,是衡量客运效率和运输质量的重要指标,其计算方法为:

$$\text{正点率} = (\text{正点行车次数}/\text{总(计划)行车次数}) \times 100\% \quad (7-13)$$

(4) 影响线路运营正点的因素。

影响线路运营正点的外在因素有沿线道路的交通延误程度、气候条件、公共交通客流变化程度等。影响线路运营正点的内在因素有车辆技术状况、行车人员、调度管理水平等。具体表现如下。

1) 客流不稳定。尽管经验丰富的调度人员掌握了足够的资料,但是对未来某时刻的客流量也未必能够做出精确的预测。比如,火车站的列车集中到达,入城客流涌入,如果载运工具运力调配不及时,就可能造成运力不足,乘客拥挤、留站;天气等原因降低乘客出行意愿,或可造成运力过剩。

2) 线路运营条件变化。城市道路施工封路的现象时有发生,需要变化行车线路。信号设备故障、环卫部门养护作业等都可能降低线路通行能力,延长载运工具的运行周期。

3) 司乘人员等由于特殊原因需要调整工作时间等。

(5) 保证正点行车的对策与措施。

分析影响行车正点的因素,其中的外在因素通常是客观存在的,企业无法施加影响和干预,只能加强调查、监测和预测。比如,研究本市的社会生活习惯与风俗,了解客流变化规律,了解引发客流变化的突变事件,掌握天气变化情况对客流的影响,掌握道路现状、临时管制措施、改扩建方案与施工情况等。

在调查清楚线路外部的车辆运行环境的基础上,应有针对性地制定相应的管理办法,通过加车、抽线、改线、跨线等方式适应客流的变化。针对内在因素,可通过标准的制定、执行、监督、检查、考核、奖励及惩罚等措施,督促司乘人员按时刻表行车,保证行车的正点。

7.2.4　现场调度的基本处理方法

(1) 选择调度方法应遵守的原则。
1) 要符合线路上客流的规律。
2) 提高运输车辆的周转效率。
3) 要使客运车辆载客均衡。
4) 经济合理地使用车辆。
5) 不给邻近线路增加压力。

(2) 恢复行车秩序的基本方法。
1) 调整车序。保证行车时刻表中正点车的行车秩序,对晚点车的发车时刻进行调整。
2) 调整车距。适当调整发车间隔,有利于避免部分乘客候车时间过长。

3）放站发车。确定不停靠的具体站点，估计放站后节省的时间和周转时间。

4）区间掉头。选好掉头的地点和方式，计算掉头车辆节省的时间和周转时间，使车辆能够及时返回首末站承担下一次任务，保证其正点行车。

5）提前发车。提前发出车辆，适应途中客流的临时需求。

6）填补车次。在乘客过度集中到达、留站较多时，需要增加运力（车次）。

（3）调整运力的基本方法。

1）调整行车时刻表中的车次。

调整运力的目的是使车队的运力适应运输现场客流的短期变化需求，需要做到优化发车时间，合理安排发车车次，制定客流高峰期和平峰期的发车时刻表，减少低效率线路的运力投入和无效班次。具体操作中，表现在行车时刻表中车次的增减，并由车队相应地配置车辆和司乘人员来实现。

调整车次需要满足以下两个条件。①根据线路运营现场司乘人员的反馈、监控系统的数据、其他社会系统的信息交换，调度人员获知需求的临时变化情况。②现有场站有备用车，或相邻线路有可抽调车辆。

调整车次的具体做法。①临时加开车次。在已经发布的行车时刻表中，增加临时运行的车次，即增加运输能力。对于加开的车次，可以指定车辆跨站运行到指定的乘客留站数量较大的车站，而后按照线路运行规则运行。②抽调车次。根据本线客流减少的情况或邻线的需要，本线某车次停开。③调整行车频率。在不增加车辆的情况下，按实际客流变化的需要，调整行车间隔，通过增加或减少分组时间内行车频率的调度方法，做到"客多车密，客少车稀"。在线路上短暂的高峰时间，或在乘客数量出现短暂增加或减少，而又不需要（也不可能）增加或减少行驶车辆时常采用这种方法。调频法一般可以通过结合运用拉长车距、缩短车距及提前发车的手段来实现。

2）调整线路上的营运车辆数。

线路上发车车次数量变化，导致发车间隔变化，运行里程变化和线路运行时间变化，导致车辆运行周期变化，都需要增减线路上的运行车辆数加以适应。

调整车辆数的条件分析。①运量超过运力的情况。②运量小于运力的情况。

调整车辆数的具体做法。①加车法。②抽车法。在具体增加公交车数量的操作中，可利用自有备用车辆上线运行。针对运力不足的问题，可以增加公交车数量、调整公交线路、提高发车频率，以满足乘客的出行需求。利用相邻线路的车辆剩余运能，实现跨线支援：在高峰时段，可以通过跨线支援的方式，调配邻近线路的车辆支援客流量较大的线路，减少乘客等待时间，提高运营效率。

（4）变动行车路线的基本方法。

1）绕道行驶。由于城市道路维修或交通管制等原因，车辆可以经由其他道路实现连续运行。绕道行驶可能导致线路运行时间和运行周期增加，需要增加运力，保证运行平稳有序。

2）分段行驶。车辆无法绕行情况下，实行分段形式，乘客可以步行换乘，完成接续出行。

3）缩短行驶路段。由于线路首站或末站的部分路段客流不足和道路管制等原因，线路较短的部分不再开行车辆。

4）跨线行驶。为减少跨线客流的换乘和加快乘客送达，使本线车辆继续在其他线路行驶。

7.2.5 现场调度指令的发布与执行

调度指令的凭据是调度单。调度单有纸质版和电子版两种。

车队调度员将调度指令抄写在纸上，将该纸质版调度指令交给驾驶员，驾驶员阅读后执行。纸质版调度指令是传统的形式，一般只能在车队调度室发放给驾驶员。

随着科技发展，调度指令可以以电子版形式发布，即调度员利用无线网络系统将调度指令传输到驾驶员终端，通知驾驶员执行。电子版调度指令不受车辆所在位置限制，可以及时发布给驾驶员执行，使调度效率更高。

调度单内容包括司乘人员名字、工号、车辆牌号、车次号、行车时刻表、入线、离线站点、注意事项等。

7.3 票制与票价

客票收入是城市公共交通企业的主要收入来源之一，是维系企业经营的动力，也是政府拨付补贴的依据之一。城市公共交通收费系统的基础目标如下。

（1）尽可能地增加吸引乘客的数量。

（2）使公共交通企业的营业收入最大化。

（3）达到特定的目标，如：引导区域内劳动力的合理分布，激发学生等人群利用公共交通出行的意愿，约束老年人的乘车时间，提升区域内公共交通可达性等。

因此，需要在城市公共交通系统中设计不同的票制和票价，以保证企业的可持续运转。

7.3.1 票制

城市公共交通票制是指公共交通有关部门制定的计算客运票价的方法。城市公共交通票制常有如下几种。

（1）计程票制。计程票制是指按乘行里程计算票价的方法。

（2）计时票制。计时票制是指按租用车辆的时间计算票价的方法。

（3）混合票制。混合票制是指乘客在出行中，按照计程票制和计时票制同时计价。

（4）单级票制。单级票制是指无论乘行里程远近，票价均相同的计算票价的方法。我国有很多城市的公共交通企业，经政府有关部门批准，实行了单级票制。实行单级票制使票务管理更简单和方便，为进一步推行无人售票打下了基础，该票制又称单一票制。

（5）多级票制。多级票制是指按照乘行里程的远近计算票价的方法。

（6）梯形票制。梯形票制是指先把线路上下行的实际长度相加后除以2，求得线路的平均长度，再用同样方法求出线路相邻两站间的平均站距，参照最低票价、最高票价和票价级差，计算出各站之间的票价。

例如，当计算 x 站到 y 站的票价时，把 x 站到 y 站之间的平均站距之和乘以运价率，如其积小于最低票价则为最低票价，如大于最低票价小于第二级票价时，则为第二级票价，以此类推……如其积大于最高票价时，则取最高票价。把所有各站之间票价填入梯形表每一格中，就形成梯形票制表。

（7）月票票制。月票票制是指以政府有关部门批准的月票费率（运价率）为依据，按公式：月票价格＝平均每张月票的乘用次数×平均运距×运价率，来计算出月票价格的方法。月票按使用对象不同可分为职工月票、学生月票、单位公用月票；按使用范围可分为市区月票、郊区月票和专线月票及汽电车联合月票等，不同使用对象的运价率不同。

（8）联程票制。为便利乘客出行，乘客一次付费购票即可在相衔接的公共交通线路上乘行，或者在一定时间段内可继续使用这张车票，这种票制称为联程票制。

在国外，为了吸引乘客乘车，还设计了多日票和多人票。多日票包括一日票、三日票、周票、旬票、半月票、月票、季票、年票；多人票包括双人票、三人票、家庭票等。

公共交通的运营模式和与其对应的票制结构这两个方面的问题，是我国市场经济逐步完善时期城市公共交通票制体系改革的关键。

不同的城市公共交通票制体系和计费方式客观上限制了乘客在不同线路、不同城市的公共交通方式之间的换乘行为。国内已经有城市开展"一卡通"工程，正在逐步朝着整合城市公共交通车票和票价的方向前进。在加快这一改革进程的同时，伴随公共交通特许经营制度的逐步建立，以及城市公共交通运营模式的改革，可逐步建立完善的城市公共交通系统"一票制"票制体系。

7.3.2　票价

由于多种原因，国内外多数的公共交通企业，其经营成本通常大于收入。为了维持企业运营，使其能够保证持续提供公共运输服务，地方政府大多需要拨出专款作为补贴，支持公共交通企业的运营。

在我国，公共交通票价的确定需要综合考虑企业成本、乘客承受能力、政府的补贴能力和社会公平与稳定等因素。因此，公共交通企业的"亏损"具有特定的社会意义，应该予以充分肯定。

设定票价时必须考虑以下一般要求和约束条件。

（1）需求弹性对费用水平和结构选择的限制，即票价水平会影响乘客对公共交通的选择。

（2）公共交通乘客得到的利益，即乘客可以牺牲一定的便利性以获得开支的节省。

（3）社会及政治方面，公共交通的普及性、便利性等有利于城市的形象建设及社会的稳定。

（4）费用的合理性和支付的方便性，有助于缩短车辆在站停留时间，便于乘客付费。

（5）费用类型必须允许相应机构实现简易、低成本的收款与控制。

在将这些目标和要求转化为现实时，在主要目标间进行权衡通常是政治决策需要考虑的问题。

为了在这些政策框架内确定适当的车票结构和票价水平，设计车票系统的公共交通机构，以及支持它的和经常提供融资的公众团体必须决定每个目标的相对重要性。

收费包括收费的位置、方式及对乘客缴费的控制。公共交通的收费方式极大地影响以下四个方面。

（1）对乘客的吸引力。

（2）服务质量及其成本（车队大小）。

(3) 收费设施的成本。
(4) 使用不同费用结构的可行性。

7.4 运营指标

设计和编制城市公共交通企业的运营指标，可用于评价企业的服务水平、经营效率、社会效益，以便企业调整经营策略，进而实现最优化经营。同样的运营指标在企业级和车队级的考察内容有所不同。

不同车队经营线路数量不同，车辆保有量不同，分担的公共交通运输任务不同，运营指标也会存在较大差异。同样，在一个车队内的不同线路上，配置车辆的数量、型号、质量不同，线路的经由、里程长度、客流数量也不同，诸多方面的差异对企业运营指标影响很大。

7.4.1 服务水平指标

(1) 乘客出行时耗。乘客出行时耗是指乘客从出发地到目的地所用的总时间，是车上时间和车下时间的总和。车上时间主要和公共交通车辆运送速度有关。车下时间包括乘客由出发地到达公共交通站台的时耗、等车的时耗、换乘的时耗、下车后到达目的地的时耗等方面，主要与公共交通网络布设结构等要素有关。

(2) 营运速度。营运速度是指在营运时间内，公共交通车辆在营运线路首末站之间平均每小时的行驶里程。城市公共交通营运速度关系到乘客的出行时间成本、营运车辆的配置，也会影响公共交通线路运营成本。在很大程度上，出行时间的长短决定了城市居民出行方式的选择。提高营运速度是鼓励更多城市居民采用公共交通方式出行的重要手段。营运速度的提高能够缩短车辆周转时间，从而节约运力；在运力相同的情况下，提高营运速度能够多运送乘客；在乘客数量相同的情况下，提高营运速度可以减少所需车辆的数量。

影响公共交通营运速度的因素有道路条件、车辆状况、公共交通企业管理效率等。公共交通企业应着重关注该指标，通过分析影响营运速度的相关因素并加以改进，可以提高公共交通的服务水平。

(3) 行车正点率。又称行车准点率，指统计期内营运车辆在营业线路上正点运行次数与全部行车次数之比。行车正点率包括出发正点率、中途正点率、终到正点率等。公共交通线路营运车辆的正点率可以反映企业的营运秩序和组织管理效率，是衡量企业服务质量的指标。它关系乘客的时间机会成本，同时也影响乘客对出行方式的选择。行车准点率与企业的调度管理、运营组织以及道路条件等因素相关。公共交通专用道的设置、交叉口处公共交通优先通行及港湾式停靠站的设计都可以提高公共交通的行车正点率。

通常，公共交通企业各自制定行车正点率标准，平均不应低于80%或90%。正点率越高，反映公共交通企业运营组织水平越高。公共交通企业可以通过控制正点率指标来优化调度管理和提高运营组织效率。提高正点率可提高乘客对公共交通服务的满意度。

(4) 发车间隔。发车间隔是指在一条公共交通线路上，在始发站前后相邻车辆发车的时间间隔。

发车间隔是体现乘客出行的方便程度，以及体现公共交通企业管理效率的指标之一。由于一天的不同时段内客流分布不均衡，因而客流高峰时段、平峰时段的发车间隔也就不同。可按企业、车队、线路的实际情况，结合不同的考察目的，选用高峰时段的发车间隔指标、加权平均发车间隔指标等方法来确定发车间隔。

公共交通车辆按规定的发车间隔时间运行。发车间隔大，乘客平均候车时间长，投入车辆少，中途站和终点站的准时性差，乘客出行的迅捷性要求得不到保证，服务水平低；发车间隔小，乘客候车时间均值短，公共交通的准时性和迅捷性能够得到保证，服务水平高，但是需要投入较多车辆。因此，须确定合理的发车间隔，以兼顾乘客和公共交通企业双方的利益。

（5）营业时间。营业时间是指在一天之中公共交通线路提供运送乘客服务的时间范围，亦可用时间长度来表示营业时间。营业时间是反映具体公共交通线路服务设计的指标，体现公共交通服务能够给乘客的出行提供方便的程度。

在实际操作中，由于人们生产生活节奏的巨大变化，其出行特征也随之产生变化，导致公共交通线路双方向的营业时间可以不一致，工作日与非工作日的营业时间不同，一年四季的营业时间也不同。公共交通企业应根据实际的客流需求调整相应的线路营业时间。

（6）安全性。安全性是指乘客在使用公共交通工具出行时，人身不受伤害、财产不受破坏的程度，即人身和财产处于完好状态的程度。安全性指标可以用公共交通企业运营中出事故的比率、不出事故（安全）状态的延续时间或者风险程度来表示。

①百万千米事故率。百万千米事故率是指在统计期内，公共交通企业或其运营线路中的营运车辆平均行驶百万千米发生事故的次数，即发生的事故次数与车辆总行程之比。一般只统计重大事故和大事故，部分城市公共交通企业事故率限定在 0.1~1.5 次/百万千米。该指标反映了车辆运行过程中发生行车安全事故的概率。事故率越高，表明线路行车安全性越低，公共交通服务水平越低。追求低的事故率是公共交通线路运营的一个基本要求。

②百万千米事故费用。百万千米事故费用即在统计期内，公共交通企业营运车辆平均行驶百万千米发生事故的经济损失。经济损失是指在事故中，由于人身伤亡以及车辆和物资等损坏所造成的财产损失，不包括事故救援产生的费用。由于事故的严重程度不同，因此，用事故次数难以形成统一的衡量标准，而事故费用的多少，能够较为直接地反映公共交通线路运营中事故的严重程度，从而反映线路的安全性。

③安全间隔里程。安全间隔里程是指平均每两次行车安全事故之间车辆安全行驶的里程数，该指标是事故频率的倒数。

④安全生产天数。安全生产天数是指平均每两次行车安全事故之间的日历天数。公共交通企业以创造最大安全生产天数为目标，强化安全生产管理，时刻警醒员工重视注意事项，提高乘客出行的安全程度。

（7）舒适性。城市公共交通的舒适性体现在多个方面，一般是指为乘客提供舒适的乘行环境，减少乘行途中的疲劳；此外还包括视觉、听觉、触觉等方面感受到的愉悦效果。比如，随着生活水平的提高，人们要求公共交通车厢内的拥挤不能超过一定限度，因此，拥挤程度可以作为乘客舒适性指标之一。拥挤程度一般用高峰小时最大区间满载率或最高满载率来表示。

高峰小时最大区间满载率是指客运高峰期小时内线路最大区间客流量与小时定员（高峰小时内通过车辆的定员数的总和）之比。

最高满载率是指在高峰小时内，在运营线路的单向高峰路段上，公共交通车辆的实际载客量与额定载客量之比。最高满载率用以表示在统计期内主要运营线路车辆载客能力的最大利用程度和车厢拥挤程度，一般值应在95%~100%。由于满载率与运营效率有紧密关系，其值也不宜过低。

7.4.2 运营效率指标

(1) 平均车日行程。平均车日行程是指一个公共交通企业或一个车队平均每辆营运车辆每天行驶的里程，表示统计期工作车日内车辆实际营运的快慢，又称车日速度。该统计中不包括企业对外服务的包车、专车的营运里程。

平均车日行程，是以 km/车日为单位的指标，既可以体现车辆运行速度，又可以体现车辆使用效率。该指标既受道路条件的约束，又受工作时间的制约。

(2) 方向不均匀系数。方向不均匀系数是指一条公共交通线路单方向客流量与双向客流量平均值的比值。方向不均匀系数一般按高峰小时最大区间客流量进行统计分析。

方向不均匀系数表示一条公共交通线路在高峰小时内不同方向客流量的差异。方向不均匀系数大，说明出客流需求的方向性差异大，会增加运力配置及运营管理的难度。

(3) 区间不均匀系数。区间不均匀系数是指在一条线路上，最大区间客流量与平均区间客流量之比。该指标反映了线路承担客流的均衡程度，用以评价线路的客运效率。

区间不均匀系数表示一条线路上的客流量在各区间变化幅度的大小。区间不均匀系数过大，表明存在运力配置难题，即若按照高区间客流量配置运力，配车数量多，发车间隔小，而在其他路段上乘客偏少，会造成运力虚弥，运营效率下降；若要减少运力虚弥，就要减少配车，会造成高客流量区间乘客乘车过度拥挤，服务水平低下。

在无法获取区间不均匀系数时，可采用方向不均匀系数来衡量线路客流的均衡程度。

(4) 里程利用率。里程利用率是公共交通线路车辆的营业性行驶里程与总行驶里程之比，用以衡量车辆的利用效率和线路运营组织的效率。

公共交通车辆的非营业性行驶里程包括车辆出场到入线行驶的空驶里程和车辆离线到停车场的空驶里程，车辆往返加油站或充电站的空驶里程，车辆往返维修厂及调试运行的空驶里程等。

里程利用率高表明车辆调度组织的水平高，企业的经济效益也就越好。

影响里程利用率的主要因素有公共交通场站分布、运输线网布局、运输任务安排及运输过程组织等。

(5) 非直线系数。非直线系数是指公共交通线路首末站之间的实际里程与空间直线距离之比，其反映了公共交通线路的迂回程度。其中，环行公共交通线路的非直线系数可用客流主要集散点之间的线路里程与空间直线距离之比来表示。城市公共交通线路非直线系数的理想值为1，合理范围在1.1~1.2之间，通常不超过1.4。

非直线系数是反映线路运营费用的经济指标，其值过大，说明车辆迂回行驶里程多，运营效率低。

非直线系数在一定程度上还反映乘客乘坐公共交通的方便程度，即非直线系数大，乘客在车辆上消耗的时间长。

(6) 工时利用率。工时利用率是指在工作日内，司乘人员在线路上从事客运生产的时间占劳动工时的比率。

劳动工时是指我国的法定劳动时间，即平均每个工作日工作不超过8 h，每周5个工作日。司乘人员的劳动工时是以到达工作岗位时起，至退出工作岗位时止的时间。

司乘人员根据调度安排，按日班计划规定时间到达指定地点签到，即为到岗，接受任务、检查车辆后，上线运输乘客，进入生产时间；车辆结束运输，即进入非生产时间，将车辆离线运行至指定停车点，在规定地点签退下班。在非生产时间内，司乘人员接受学习培训、接受调度指令、维护车辆，是必要的工作时间，不可或缺。但是要提高效率，应尽量压缩非生产时间，提高工时利用率。

人的身体存在疲劳极限，超过劳动工时会引起负面作用。城市公共交通的需求特点决定了司乘人员的工作时间在清晨和夜晚有较大变化，工作时间不固定，容易造成作息时间的紊乱，引发健康问题等。因此，要优化司乘人员工作组织，合理安排工休。

（7）劳动生产率。劳动生产率是指在公共交通线路上，司乘人员人均完成的客运周转量。劳动生产率指标反映公共交通线路上司乘人员的劳动效率。此处的司乘人员，可以单指司乘人员，也可指公共交通企业的全部工作人员。为了使劳动生产率更高，企业会在一定程度上减少司乘人员、车辆的投入，以提高车辆满载程度。

工时利用率指标不与乘客数量直接相关，其仅反映工作人员生产秩序安排的优劣。劳动生产率指标是企业追求的最终结果。两个指标既有区别，又互相联系。

（8）车时利用率。车时利用率是指车队或企业所有客运车辆日均营运时间，即实际完成的营运车时总数与线路所配车辆车时总数的比值，其计算公式为：

$$车时利用率 = \frac{车辆的实际营运车时总数}{线路配车数 \times 24} \times 100\% \tag{7-14}$$

车时利用率值的大小与线路保有车辆数、车辆的运用规划、维修保养、备用计划等因素有关。车时利用率高，则线路运营效率就高。

车时利用率指标反映了公共交通企业管理车辆以及车辆利用的效率，可以从另外的角度反映线路的经济效益。

7.4.3 经济、社会效益指标

公共交通线路运营的经济效益主要从线路设施、人力资源的运用效果和运营效果来体现。社会效益主要体现在公共交通线路的运营对社会和环境产生的积极作用和影响。

（1）客运量。客运量是指统计期内公共交通线路运送乘客的总数，统计单位为人次。

客运量指标与线路的配车数、人员配班、线路运输效率有紧密的联系，体现公共交通线路的产出。简单地说，运送的乘客越多，公共交通线路的社会效益会越显著。

将客运量指标与车辆的乘客满载率指标、线路配车数等指标相结合，可以深入分析线路的服务水平、乘客舒适度等。

（2）客运周转量。客运周转量是在统计期内，公共交通线路上的营运车辆完成运输的所有乘客乘坐里程的总和，其单位为人·km。客运周转量反映了公共交通线路完成乘客乘距的客运量，客运周转量与客运需求、配车数、人员配班、线路运输效率、乘客乘距、线路经由和长度等因素有关。

客运周转量的意义与客运量的意义相近，客运周转量更体现了乘客乘车的距离，其计算方法为：

$$客运周转量 = 乘距 \times 客运量 \tag{7-15}$$

（3）客位里程。客位里程是指统计期内，公共交通线路上全部营运车辆的客位产生的里程相关指标。在一定程度上，客位里程体现公共交通企业在线路上对乘客运输能力的

投入,其计算方法为:

$$客位里程 = \sum (营运车辆客位数 \times 线路里程) \tag{7-16}$$

(4) 线路重复系数。公共交通的线路重复系数是指公共交通线路总长度与区域内设置有公共交通线路的道路总长度之比。线路重复系数实际上是公共交通线路密度与城市道路网密度的比值。

线路在路网中的重复程度较高,容易引起线路运营效率的低下。原因是大量的公共交通线路在道路上重复设置,会占用道路资源,公共交通车站的车辆到发量大,会产生进站延误、乘客上车秩序混乱、停站时间长等问题,容易造成资源浪费。反之,线路重复程度低会造成乘客换乘不便的问题。政府要求公共交通线路的开设需要满足社会公共效益的要求,线路重复系数会相对较高;公共交通企业开设线路时,会将经济效益放在首位,则线网分布均匀性好,会服务更多的乘客,线路重复系数低。《交通工程手册》规定,线网重复系数以1.25~2.5为宜。

(5) 线路单位里程运营收入。运营收入是指在统计期内,公共交通企业按规定向乘客收取运输服务费用所形成的收入,可以按车辆、线路、车队、企业等不同层级分别进行统计。线路单位里程运营收入是指在统计期内,公共交通线路上所有车辆的运营收入与其行驶总里程的比值,单位为元/(车·km)。线路单位里程运营收入是衡量公共交通线路经济效益最直观的指标,在一定程度上反映客运服务质量水平。

运营收入是公共交通线路劳动和物化劳动消耗的主要补偿来源,用以维持企业生产经营,也是政府财政补贴的依据。企业运营收入高,可以减少政府财政负担;企业运营收入低,则造成经营困难,影响公共交通线路运营服务,还需要较多的政府财政补贴。

(6) 单位运营成本。运营成本是指公共交通企业为完成乘客运输服务支出的费用总和,是用以评价公共交通企业生产经营效果的综合指标,是确定票价的重要依据,也是补偿运营生产耗费的依据。所支出全部费用,如司乘人员工资、燃料、保修材料费、车队经费、企业管理费、运营业务费等都属于成本项目。

单位运营成本是指在统计期内,公共交通企业支出的全部运营成本与完成的运营服务总量之比,用以表示企业完成每单位运营服务的成本耗费水平。企业完成每单位运营服务的成本耗费水平可以用客位周转量或乘客周转量表示。

以客位周转量为计算依据的优点是成本支出的大部分项目与其成正比例关系,因此,可较好地反映成本费用特性,其缺点是忽略了公共交通服务对象——乘客因素,难以作为制定票价的直接依据。

以乘客周转量为计算依据的优点是可以据此明晰地制定票价;其缺点是真实的乘客周转量数据难以准确获得,成本—费用特性的相关性不如客位周转量指标强。

一般而言,公共交通企业的成本并未完全按车队(线路)各自独立结算,因为在车辆、燃料、人力等资源的消耗数量方面,互相之间有许多交叉重叠的地方,很难单独计算与审核。

在公共交通企业的客运服务中,还有很大部分的公益服务,如政府机关通勤车、交警等部门的临时征用车,以及对外租车包车服务等,其运营费用不同于在运营线路上的消耗。

(7) 百千米行车燃料消耗。百千米行车燃料消耗是指在统计期内营运公共交通车辆平均行驶100 km所消耗的燃料价值,用于表示线路营运车辆能源消耗相对水平及利用程度。

城市公共交通

百千米行车燃料消耗是公共交通企业的主要运营成本之一,反映了能源利用的效果,需要予以重点关注和管理。可以通过提高驾驶员的驾驶技术、管控燃料配给等措施降低百千米行车燃料消耗。

(8) 环境效益。环境效益是指公共交通企业在运营过程中对城市生态环境的贡献。由于公共交通车辆运行在城市道路系统中,在这个开放的环境里,大量的公共交通车辆会产生废气、废水、振动、噪声等,以及光、电、磁效应等,对居民的生产生活具有重要影响。公共交通系统产生的环境效益对于实现城市环境的可持续发展具有重要意义。

随着科技发展,城市公共交通车辆动力结构由使用矿物燃料的汽、柴油为主,发展为汽、柴油与天然气、电力和氢燃料等多种清洁能源并存的模式,清洁能源车辆的占比逐年增加。近年来,国标关于废气排放的标准有了数次提高,公共交通车辆的制造精度也在不断提高,产生的各种污染物数量在逐年下降,环境友好程度越来越高。

一般情况下,公共交通企业投入的成本和产生的收益,特别是社会环境效益,不能完全以货币形式体现和计算。

知识小结

学习本章后,应该理解城市公共交通线网的构成及其层次性,掌握城市公交干线、快线、接运线等线网的优化目标和方法,能够初步建立评价指标体系,进行公共交通线网评价。

思考题与练习题

(1) 如何制订公共交通车辆的使用计划?
(2) 公共汽车的大站快车、区间车如何开行?
(3) 地铁系统可否开行大站快车、区间车?
(4) 其他公共交通形式的调度问题如何解决?
(5) 其他公共交通形式是否有大站快车、区间车?

第8章 城市公共交通企业日常管理

> **学习目标**
> （1）本章要求明确城市公共交通系统内各企业的管理体系、内容与方法。
> （2）重点掌握公共交通安全管理的原理与方法，保证服务质量的方法。

本章的学习重点与考核权重如表 8-1 所示。

表 8-1 学习重点与考核权重

能力目标	知识要点	权重
理解城市公共交通的日常管理内容	城市公共交通企业管理概念、管理体系、主要内容	0.2
能够进行城市公共交通的安全管理	城市公共交通企业安全管理的目标、方法；公共交通事故的分析与处理	0.4
能够进行城市公共交通的服务管理	城市公共交通企业的服务概念及内容	0.4

引 例

（1）2021 年 7 月 20 日，郑州市突降罕见特大暴雨，造成郑州地铁 5 号线五龙口停车场及其周边区域出现严重积水现象，18 时许，积水冲垮出入场线挡水墙进入正线区间，造成郑州地铁 5 号线一列车在沙口路站—海滩寺站区间内迫停。在地铁员工、应急救援队、公安干警、解放军指战员、义务救援队及热心乘客的共同努力下，共解救乘客 500 余名。在本次事故中，有 12 名乘客经抢救无效不幸罹难，5 名乘客住院观察，生命体征平稳。这次事故虽有天灾的因素，但人祸是这次事故的主要原因：一是在事故发生前，相关部门没有提醒市民雨天乘车的相关注意事项；二是没有制定特殊情况下的限流、限行等相关交通组织措施，造成在大暴雨期间地铁系统内有大量的人员受灾；三是相关部门没有相制定应急预案和应急救援措施，导致在发生事故时未能及时、正确地组织指挥救援工作；四是在事故发生后，缺少救援措施，导致部分还有生命特征的人没有得到及时救治；五是事故发生后，相关政府部门没有及时反思，个别领导干部没有秉持实事求是的精神，在发

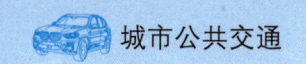

生事故后，由于害怕承担相应的责任而出现了谎报、瞒报、不报的现象。

（2）2024年12月1日起我国《城市公共交通条例》开始施行。《条例》明确了城市人民政府负主体责任发展城市公共交通，依法实行票价的政府定价或者政府指导价，并实行动态调整机制。城市公共交通主管部门通过与城市公共交通企业签订运营服务协议等方式，明确城市公共交通运营有关服务标准、规范、要求以及运营服务质量评价等事项，定期组织开展城市公共交通企业运营服务质量评价，并将评价结果向社会公布。在保障公众基本出行的前提下，城市公共交通企业可以开展定制化出行服务业务；定制化出行服务业务可以实行市场调节价。城市公共交通企业应当遵守有关安全生产的法律、法规和标准，构建安全风险分级管控和隐患排查治理双重预防机制，加强突发事件防范和应急能力。

8.1　日常管理内容

城市公共交通企业的日常管理工作是指公共交通企业在客运生产管理以外的工作，如安全管理、服务管理、物资管理、财务管理、人事管理，以及广告与地产等方面的非运输类生产经营活动。

（1）安全管理。

城市公共交通生产中，乘客的人身安全是大事，需要重点保障，安全生产是企业经营活动的主要内容之一。安全管理包括司乘人员等的安全生产技能管理、设备运维质量管理、投保与保险理赔等诸多方面。

（2）服务管理。

为乘客提供满意的服务，是城市公共交通企业的中心工作。组织和管理司乘人员、站务人员不断学习，提高服务人员的业务水平；监控现有设备运行状况，提高设备运行的稳定性、可靠性，保证客运系统在符合规范标准的情况下持续稳定运行，是客运企业服务管理的内容。

（3）物资管理。

物资管理主要是指企业生产过程中的载运工具维修、线路维修、油料管理、非经营性车辆管理等辅助生产活动。企业一般设有专业的维修场所（如公交汽修厂、地铁车辆段等）和维修队伍。

（4）财务管理。

财务管理是生产经营活动中的重要工作内容，通过收入、支出、盈余等指标，间接体现企业的经营业绩。一般是通过扩大收入来源与数量、压缩开支来创造盈余，但公共交通企业大多存在收支不平衡的情况，需要政府补贴才能运转。

（5）人事管理。

人事管理又称人力资源管理（HR），负责企业经营中各类人员的招聘与考核、岗位设置与人力匹配、薪资管理等工作。

人事管理的首要任务是确定相关工作岗位的工作人员数量，包括线路驾驶员与乘务员等工作人员的年额定工作天数、日额定工作小时，公共交通线路的营运车辆驾驶员与乘务人员等的定员，驾驶员与乘务员等的总数。

（6）非运输类生产经营。

作为企业经营的补充，非运输类生产经营是利用运输设备和线路空间，进行如广告、地产租赁及其他方面的经营活动，以扩大企业收入，支撑交通运输部门为社会提供公共服务。典型案例是香港地铁，其利用地产等方面的经营活动，使香港地铁成为全球为数不多的盈利企业。

若要实现盈利，需要地方政府给予公共交通企业相应的政策支持，如扩大企业的经营范围，授予其在道路红线范围内的土地开发与利用资质等，使公共交通企业能够以多种经营活动收益补贴公共交通业务，保证其能够顺利运行。

8.2　城市公共交通企业安全管理

城市公共交通是维系城市功能正常运转机制的重要组成部分，一旦出现交通事故，可能造成人身伤亡和财产损失，还可能造成交通拥堵。若处置不当，将产生"放大效应"，引发环境恶化、公共资源紧张等次生事件。因此，做好城市公共交通企业的安全管理至关重要。

8.2.1　城市公共交通事故分类

（1）按照事故损失形态可分为载运工具脱离线路、碰撞、倾覆、火灾、人员挤压、触电、毒害以及其他事故等。

（2）按照事故损失结果可分为人身伤亡和财产损失。

（3）按照事故涉及的载运系统可分为城市轨道交通事故、公共汽车事故、出租汽车事故、客运船舶事故、客运缆车事故、公共自行车事故等。

8.2.2　城市公共交通事故原因与责任划分

导致交通事故的原因很多，包括由单因素引发，串联多种危险因素，导致事故发生；或是"多因致果"型，即多种事故危险因素同时发生，导致出现事故灾害；或是复合型，即因某些因素的集中、交叉、复合而引发的交通事故。

这些危险因素一般可分为载运工具故障、组织管理因素、驾驶员（操作员）或乘客因素、第三方因素、环境因素等。

比如，公共汽车的火灾事故，其原因可能有以下几种情况。

（1）车辆故障，管路部件老化，导致燃油（气）泄漏，遭遇火花而形成明火；或因电器设备老化、松脱虚接而发热，引燃车辆。

（2）车辆维护作业中，因用火不慎引发火灾。

（3）乘客所携带的易燃易爆危险品起火或有人恶意纵火。

（4）车外环境中的火灾引发车辆的次生灾害等。

交通事故责任划分主要是通过分析交通事故发生的因果关系及其导致事故结果的责任轻重比例，最终将引发事故的责任落实到具体个人，以便相关人员承担事故赔偿等义务。

我国《道路交通事故处理程序规定》第六十条规定，公安机关交通管理部门应当根据当事人的行为对发生道路交通事故所起的作用以及过错的严重程度，确定当事人的责任。

交通事故责任划分的具体内容如下。

（1）因一方当事人的过错导致道路交通事故的，当事人承担全部责任。

（2）因两方或者两方以上当事人的过错发生道路交通事故的，根据其行为对事故发生的作用以及过错的严重程度，分别承担主要责任、同等责任和次要责任。

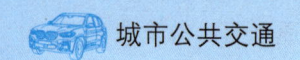

(3) 各方均无导致道路交通事故的过错，属于交通意外事故的，各方均无责任。

在交通事故中，各方主观上都不是故意的，大多是因为疏忽大意，造成损害后果，则应根据损害的严重程度，承担相应的民事、刑事责任。若存在某一方出于主观故意，造成另一方的伤害或损失，则判定为刑事案件，而非交通事故。

8.2.3 城市公共交通事故处理

城市公共交通事故的处理方式依据事故形式、等级、规模的不同而略有区别。其中，在道路交通中发生的一般交通事故，其处理工作大致可分为以下几个流程。

(1) 受理报案。公安交通管理部门接到当事人或其他人报案后，按照管辖范围予以立案。

(2) 现场处理。公安交通管理部门受理案件后，立即派人员赶赴现场，抢救伤者和财产，勘查现场，收集证据。

(3) 责任认定。在查清交通事故事实的基础上，公安交通管理部门根据事故当事人的违章行为与交通事故的因果关系、作用大小等，对当事人的交通事故责任做出认定。

(4) 裁决处罚。公安交通管理部门应依据有关规定，对肇事责任人予以警告、罚款、吊扣驾驶证、吊销驾驶证或拘留的处罚。

(5) 损害赔偿调解。对交通事故造成的人员伤亡及经济损失的赔偿，按照有关规定和赔偿标准，根据事故责任划分和相应的比例，由事故责任方或保险公司等进行赔偿。存在争议时，由公安交通管理部门召集当事人进行调解。事故双方同意达成协议后，由事故调解人员制作并发给损害赔偿调解书。

(6) 向法院起诉。如事故双方当事人在调解过程中无法达成一致意见时，公安交通管理部门终止调解，并发给调解终结书，由当事双方向法院提起民事诉讼。

城市公共交通系统一旦发生事故，通常等级较高，牵涉社会方方面面，需要政府相关部门及时介入，根据需要成立事故调查委员会和善后处理工作组，协调救治伤员、修复设备，并迅速恢复运输生产。

8.2.4 城市公共交通安全管理

根据交通工程原理，撤除交通过程中的某些危险因素，如同撤掉多米诺骨牌中的一张骨牌，交通事故便可避免。因此，要求在公共交通系统设计、施工、运营的全过程中注重交通事故的预防，通过以下四个主要方面做好安全管理。

(1) 加强人员管理。

加强对公共交通从业人员的安全教育，提高安全生产意识，提高操作技能，确保从业人员在交通运输生产过程中做到规范操作、杜绝疏漏。

对乘客进行安全意识教育，确保乘客在利用公共交通工具出行的全过程中，走行在安全空间，不做危险行为；在车辆运动中，确保人身和行李的稳定状态；确保乘客携带物品符合安全要求等。

(2) 升级公共交通载运工具。

购买和使用先进的载运工具，为乘客提供安全、舒适的乘行环境，有可靠的灭火和逃生设施，建立视频监控系统并主动运用安全技术，有可靠的制动、避碰设备等。此外，应确保在日常生产过程中，载运工具的实际载客量不超过最大载客能力。做好载运工具的日常检查，确保上线运行载运工具的状态符合安全生产要求。

（3）完善公共交通设施建设。

公共交通道路、场站设施的状态能够确保载运工具的安全通行与驻留，不使载运工具与路侧设施剐蹭；提供人性化的服务设计，如车载充电设备、取暖设备等，保证设备的安全可靠；建设大能力公共交通系统，更新、替代老旧系统，在提高运输能力的同时，提高系统运行的安全性。

（4）完善公共交通环境建设。

公共交通环境是指在社会生产和生活中，对人们使用公共交通系统出行产生影响的各种因素的总和，包括政治、经济、管理、人文、科技等诸多方面。

在微观上，使公共交通与路侧行人和非机动车等有较好的分离措施，确保不发生车外伤亡事故；整治乘车秩序，使乘客有序乘降；优化票价和付费方式，给乘客提便利等。

在宏观上，建设绿色交通和实现节约型社会，大力推进公共交通出行；在政策层面给予公共交通企业与居民选择公交出行的支持，形成良好的社会氛围。

8.3 城市公共交通服务管理

8.3.1 城市公共交通服务管理的含义

城市公共交通服务管理是公共交通企业的管理者为满足乘客出行基本需求，提供安全、方便、快速、经济的客运服务，并对此服务进行全面管理的过程。

服务管理的目的是从满足乘客需求出发，适应客运市场的变化；根据企业的性质和经营目标，不断提高服务水平，稳定和扩大客运市场；维持员工数量和员工业务水平，合理控制运营成本。

服务管理是城市公共交通经营管理的一项重要职能，是企业管理的重要组成部分，是确保企业社会效益和经济效益的枢纽环节。

8.3.2 城市公共交通服务管理的内容

城市公共交通服务管理包括服务基础管理和服务质量管理两部分。服务基础管理是服务专业部门和业务的管理。服务质量管理是指对司乘人员、站务人员等为乘客提供的服务的质量进行管理。在设定好部门和人力资源配置后，服务质量管理成为日常管理的主要内容。

（1）司乘人员管理。

司乘人员指在营运车辆上直接为乘客服务的驾驶员和乘务员（售票员）等工作人员。在车辆营运过程中，司乘人员提供驾乘服务，并出售客票或监督乘客缴纳乘车费用，保证企业收取服务费用。

1）司乘人员的服务应满足乘客乘行的要求，包括维护站车秩序、确保行车安全，解答问询、疏导客流，创造和谐、舒适、文明的乘车环境。

司乘人员是公共交通企业的主体服务人员，言行都代表着企业的形象，反映企业和所在城市的文明程度，直接影响企业的经济效益和社会效益。

2）加强对司乘人员服务的管理，首先要做好司乘人员的服务素质培养。司乘人员的服务素质主要包括服务意识、服务态度、职业规范、业务技能等方面。

每一位司乘人员都应该充分认识到其所提供服务的社会价值，包括对城市公共交通地位的作用、对社会发展的作用以及对集体做出贡献，应树立爱岗敬业、服务乘客的情怀。在服务过程中，司乘人员对乘客应该使用礼貌、热情、积极的语言，运用标准、规范的操作动作。

司乘人员的工作直接面对乘客，因此要求他们无论是在有人还是无人监督的情况下，都要约束自己的服务行为，认真执行服务规范，这是公共交通企业提供优质服务的基础。具体内容包括：司乘人员应熟练掌握服务规范、作业规程和操作技能，熟悉城市地理和交通环境，能够回答乘客提出的交通问题和其他问题，具备必要的法律法规常识和调解处理问题的能力，掌握消防设备的使用方法等。

（2）车站秩序管理。

公共交通车站是为乘客提供乘行服务的场所，是企业文明、城市文明的窗口。良好的秩序不仅可以优化乘客的出行感受，更可以提高场所的通行效率和安全性。车站的服务质量、运营效率对乘客的满意度有重要影响，一定程度上可以影响企业的效益。

一般而言，城市公共汽车线路的首末站有专用的场站，其秩序由公共交通企业负责管理；中途站由交通局或公用事业局等城市管理部门负责管理，公共交通企业协助管理。城市轨道交通车站、轮渡站等由专业生产企业负责管理。

1）车站秩序管理的原则。

城市公共交通车站设置专人管理运行秩序，以保证乘客出行的"安全、迅速、经济、便利、舒适"。同时，企业又需要控制人力资源成本，不能设置过多的岗位，秩序管理员职位大多是与其他职位合并设置。随着居民素质的普遍提高，电子监控设备的广泛应用以及追踪措施的施行，公共交通出行秩序得到极大改善，车站维持秩序的人力资源需要量逐步下降。

维持交通秩序需要一定的专业技术和综合能力。管理人员要全面理解系统车辆的运行规律、行车时刻表以及潜在的危险因素，了解乘客的出行规律、需求特征和心理因素等，能够快速做出合理决策并组织实施。

2）秩序管理员的职责范围。

秩序管理员基本职责是督促乘客排队候车、依次上下车，确保乘客上下车安全和车辆进出站安全，维护站台候车、乘车秩序。具体职责如下。

① 组织乘客在规定地点候车，应在站台上候车，不在车道上候车。
② 车辆进出站时，提醒乘客注意安全。
③ 疏导乘客有秩序乘降，协助特殊乘客安全乘降。
④ 协助乘务员关好车门。
⑤ 解答乘客问询。
⑥ 调解、消除乘客的纠纷等。

3）秩序管理员的服务标准。

秩序管理员的服务直接面对乘客，其服务标准应该很高。具体要求包括：①要有热情的态度，对所有乘客一视同仁地给予积极回应；②要有较大的耐心，面对日常的周而复始的工作，面对不同的乘客和同样的问题，要能够一如既往地坚持；③要有娴熟的专业技能，能用和蔼的语言与乘客沟通，确保车站秩序良好；④熟悉场站周边的单位分布等，能够解答乘客问询；⑤其他能力，甚至具有初步的急救知识和能力等。

(3) 票务管理。

客票收入是城市公共交通企业的主要收入来源，票务管理是公共交通企业管理中的重要内容。公共交通企业票务管理由两部分组成：一是制定票制、核准票价、配发车票、出售月票直至回收车票、回收票款；二是乘务人员执行票制、出售车票、检验、处理违章情况，以及由上述内容形成的从领票到售票、交接班、上交票款及剩余车票的具体程序。

安全、可靠和完备的自动售检票系统，能有效地实施票务的结算和清分。在设计票务系统时，应本着"以人为本"的宗旨，并充分考虑以下因素：①有利于提升城市轨道交通行业的社会形象和服务区域形象；②有利于提高运营管理水平，保障票务收益；③有利于管理责任落实，保证交易数据和票务信息的安全；④有利于简化操作，方便出行，提高乘客的出行效率；⑤有利于提供准确的客流及票务统计分析数据；⑥有利于减少现金交易、人工记账及统计工作，提高准确率和效率。

1) 针对售票人员的规定。

建立和严格执行票务制度涉及票务管理制度、违反制度的标准、违反制度的处罚等方面。票务管理针对售票员和乘客分别制定，并依据售票系统的不同而做出相应调整。其中，城市公共汽电车交通有人售票系统最为复杂。

在城市公共汽电车使用纸质车票的有人售票系统中，要防止客票丢失以及票款与出售客票数量不符。为正确标记乘客乘车起止站点，防止漏收、争执，售票员要做到如下几点。

①乘务员在本班次出车前必须持本人的领票卡或工作证至票务室领取当日车票，领票后必须当面核对、点清。遇有票本缺少张数、号码重复等差错应退交票务室处理。

②车辆每次运行至首、末站时，乘务员须签注售止票号。每个单程运营结束时，乘务员所持各种车票的票号为售止票号。签注售止票号是为了区分售出车票的有效范围。单机车乘务员由当班的调度员签注，无调度员的站由驾驶员签注，通道车由2名乘务员互签，签票号码不得少于4位数。

③乘务员收取乘客票款后要问清上下车站，唱收唱付，付给车票。遇有乘客下车补票或处理其他违章车、月票时，应让乘客按规定补交票款，乘务员当面撕票、交付乘客。

④乘务员出售车票时要认真画线。首站发车画红色线，末站发车画蓝色线；实行单一票制的线路按当日日期画线，其他线路按所收票款最终有效站号画线；集体票可统一撕口代替画线；画线应当准确，不得同时画两个以上的站号。

⑤乘务员售错票或画错线时，应立即向同班乘务员或驾驶员声明，声明后方可继续出售，未能及时出售的要在单程运营结束时，向当班调度员说明并由当班调度员签注，签注后方视为有效车票。

⑥乘务员交班时要做到票、款、账"三清"，少款补齐，多款上交。接班乘务员应认真核对票、款，因未认真核对造成的后果由接班乘务员负责。

⑦乘务员上岗时必须使用统一配备的票袋，票台内、票袋中、票板上严禁存放废车票。

⑧乘务员要认真执行票制，按规定收取票款。乘客随身携带物品超过规定客位面积时，应收取包裹费。乘客携带物品占用客位面积较大，相当于一人位时，要加收同程车票一张。

无人售票的公共汽电车线路由驾驶员负责监督乘客付款，驾驶员上岗前要签注私款，避免公私混淆；禁止驾驶员接收乘客递交的票款。

城市轨道交通、轮渡等交通系统设有固定的营业室和专职售票员出售客票、收取票款，同样需要依据前述原则建立相应的管理制度。

2）针对乘客的规定。

乘客乘坐公共交通工具，应按照政府有关部门核准的价格和自己乘坐的里程购买车票后，再行乘车，这是一个权利与义务对等的关系。当乘客使用违章车票、月票乘车时，公共交通企业要依靠当地政府，通过颁布法规、加强法治宣传和精神文明建设等途径加以解决。

1）乘客违章使用车票、月票的种类。

乘客违章使用车票的种类包括：①无票乘车，即乘车时既无月票也未购买当次车普通车票；②越站乘车，即实际乘坐里程超过所购车票里程；③使用废票乘车。乘客违章使用月票的种类包括以下四种。①使用过期月票乘车，月票的有效期为当月的月末日。为方便乘客换购月票，延长至次月3日24时。过时仍然使用的为过期月票。②使用与所乘线路不符的月票乘车。③冒用他人月票。④伪造月票等。

2）乘客违章使用车票、月票的处理。

违章车票、月票的处理办法由政府制定并颁布，公共交通企业依据政府颁布的"车票使用办法"处理违章使用车票、月票乘车的乘客，一般是实行补款处理，严重者记录其违规行为。处理乘客违章行为必须严格按照政府规定执行，不得让乘客超过规定补款，任何人无权扣留乘客及乘客的随身财物，更不能对乘客进行人身、人格的侮辱。

3）票务制度的管理办法。

建立和完善票务制度的目的是增加企业的票款收入、规范乘务人员的票务行为，防止跑票、漏票，防止应收票款流失。随着市场经济的深入发展，现代科学技术在城市公共交通系统中的应用，票务制度的管理愈加重要。

票务制度的管理办法主要包括：根据运营生产的实际需要，制定并持续改进票务制度；使票务人员的操作有章可循；处罚违反票务制度人员要做到有据可依。

执行票务管理规定时，要强化检查、督查工作，依靠专职检查人员和专业管理人员定期检查和不定期抽查；依靠乘客进行监督。对乘客反映的乘务员违反票务制度的现象，企业要认真调查核实，针对职工揭发票务人员违反票务制度的行为，企业更要给予高度重视。

知识小结

学习本章后，应掌握城市公共交通企业日常管理的基本概念和内容，能够分析城市公共交通企业日常管理对生产活动的促进作用；初步运用安全管理原理，进行事故分析和预防；能够实施服务管理，使乘客获得更高的满意度。

思考题与练习题

(1) 城市公共交通企业日常管理的主要内容有哪些？
(2) 城市公共交通事故有哪些种类？
(3) 城市公共交通事故的责任如何划分？
(4) 如何预防城市公共交通事故？
(5) 城市公共交通的服务内容有哪些？
(6) 如何让乘客获得满意的服务？
(7) 在信息技术条件下，票务制度的特点有哪些？

参 考 文 献

[1] 宋瑞. 城市公共交通［M］. 北京：北京交通大学出版社，2018.

[2] 杨晓光. 城市道路交通设计指南［M］. 北京：人民交通出版社，2004.

[3] 杨晓光，白玉. 交通设计［M］. 2版. 北京：人民交通出版社，2021.

[4] 黄正东，刘学军. 大城市公共交通空间网络规划［M］. 北京：科学出版社，2017.

[5] 美国国家城市交通官员协会. 公共交通街道设计指南［M］. 刘大川，王东南，侯少峰，译. 南京：江苏凤凰科学技术出版社，2019.

[6] 张红满. 城市公共交通运营管理［M］. 北京：北京大学出版社，2019.

[7] 郑长江，张小丽. 城市公共交通［M］. 北京：国防工业出版社，2017.

[8] 陈大伟，李旭宏. 运输工程［M］. 北京：人民交通出版社，2014.

[9] 过秀成. 交通运输工程学［M］. 北京：人民交通出版社，2017.

[10] 周雨阳，王扬，陈艳艳. 交通系统工程前沿理论与方法［M］. 北京：人民交通出版社，2016.

[11] 孙章，蒲琪. 城市轨道交通概论［M］. 北京：人民交通出版社，2010.

[12] 黄小燕. 特大城市公共交通可达性与小汽车出行决策［M］. 北京：商务印书馆，2015.

[13] 孟祥佩. 数学模型在城市公共交通中的应用［M］. 北京：中国原子能出版社，2021.

[14] 徐吉谦，陈学武. 交通工程总论［M］. 北京：人民交通出版社，2019.

[15] 韩军红，魏越，侯礼兴. 公共自行车租赁点规模优化［J］. 山西建筑，2023，49（22）：57-61.

[16] 程群. 地铁大空间地下多线换乘站建筑的设计［J］. 北方建筑，2023，8（3）：51-54.

[17] 刘一杨，刘诗靓，田栋宇，等. 城市轨道大型换乘站大客流拥堵缓解方法［J］. 交通科技与经济，2023，25（3）：40-48.

[18] 乐玉霖. 基于公共自行车的分布式新能源共享系统创新服务［J］. 物联网技术，2023，13（4）：95-96+100.

[19] 赵杨，刘倩. 网约车冲击下出租车行业转型对策研究：以北京市为例［J］. 科学决策，2022，（12）：107-136.

[20] 魏宇浩，张然，秦华，等. 地铁换乘站客流拥堵瓶颈的识别与优化［J］. 铁道运输与经济，2022，44（12）：138-145.

[21] 徐树亮. 城市轨道交通换乘车站客流组织方案优化研究［J］. 智能城市，2022，

8（11）：58-60.

[22] 胡正华，周继彪，周涵林，等. 基于细节层次模型的公共自行车调度方法［J］. 交通信息与安全，2022，40（04）：148-156+184.

[23] 邢润杰，唐礼勇，林婷艳，等. 国内外公共自行车管理文献评述［J］. 合作经济与科技，2022，（15）：121-123.

[24] 贾真. 城市轨道交通与公交的接驳换乘问题研究［D］. 北京：北京交通大学，2022.

[25] FOLLMANN J，虞笑晨. 城市缆车系统对城市公共交通意义的探讨：德国莱茵美因大都市区城市缆车方案实践［J］. 交通与港航，2021，8（6）：31-38.

[26] 陈红，陈恒瑞，史转转，等. 公共自行车使用时空特性挖掘及租还需求预测［J］. 交通运输系统工程与信息，2021，21（2）：238-244+250.

[27] 王仁和，李兆辰，韩天明，等. 平台经济的敏捷监管模式：以网约车行业为例［J］. 中国科技论坛，2020，（10）：84-92.

[28] 吴健熙. 社会变迁视野下的上海"市轮渡"［J］. 史林，2020，（4）：39-51+219.

[29] 蒋岩波，黄娟. 网约车行业规制路径的选择：从行政规制走向合作规制［J］. 江西财经大学学报，2020，（3）：138-147.

[30] 高智文，张学东，徐志洁，等. 一种城市公共自行车接驳地铁出行的时空可视化分析方法［J］. 测绘通报，2020，（3）：48-55.

[31] 李金龙，乔建伟. 改革开放以来出租车行业政府规制政策变迁及其启示：以倡议联盟框架为视角［J］. 中国行政管理，2019，（12）：80-86.

[32] 付淑换，石岜然. 网约车行业监管困境的演化博弈分析及优化对策［J］. 经济问题，2019，（12）：8-15+51.

[33] 王家宝，刁雅钰，陈玮玮，等. 破坏性创新与新兴产业竞争优势：以网约车行业为例［J］. 工业工程与管理，2019，24（4）：167-173.

[34] 张贺. 共享出行对出租车行业的影响：基于破坏性创新的理论视角［J］. 科技管理研究，2018，38（16）：10-16.

[35] 赵宏，史瑞刚. 公共自行车系统站点设置和锁桩配置评价研究［J］. 兰州理工大学学报，2018，44（2）：107-112.

[36] 杨旭华，程之. 具有公共自行车共享系统的公交网络建模及其性能研究［J］. 浙江工业大学学报，2018，46（1）：27-32.

[37] 王学成，荣朝和. 出租车行业管制下的出行服务平台发展研究［J］. 经济与管理研究，2016，37（6）：90-97.

[38] 蔡群. 最后的"空中公交车"长江索道［J］. 照相机，2013，（5）：69-70.

[39] 伦敦缆车系统开通有助于奥运会期间缓解公共交通压力［J］. 城市轨道交通研究，2012，15（8）：98.

[40] 彭安华，王智明. 基于证据推理客运索道安全性评估［J］. 中国安全科学学报，2010，20（8）：110-115.

[41] 杨学春，董希斌，王海飙，等. 客运索道基础类型的设计分析［J］. 东北林业大学学报，2008，36（12）：87-88.

［42］叶近茂. 我国客运索道电控系统现状及展望［J］. 起重运输机械，2006，(10)：1-3.

［43］周新年，邓辉平，高智，等. 客运索道设计理论及其应用研究Ⅱ. 各类客运索道分析与建设客运索道应考虑问题［J］. 福建林学院学报，2000，20(3)：207-210.

［44］周新年，邓辉平，詹正宜，等. 客运索道设计理论及其应用研究Ⅰ. 我国客运索道现状与福建省客运索道开发研究［J］. 福建林学院学报，2000，20(2)：110-113.

［45］徐晓明. 发展城市公共交通的新设想：轻轨电气火车和吊空缆车合用的高架铁道桥［J］. 江苏交通运输，1994，(2)：42.

［46］王省三，石奉强. 重庆长江客运索道［J］. 起重运输机械，1989，(8)：8-12+2.